WEBER'S™

HOT & SPICY

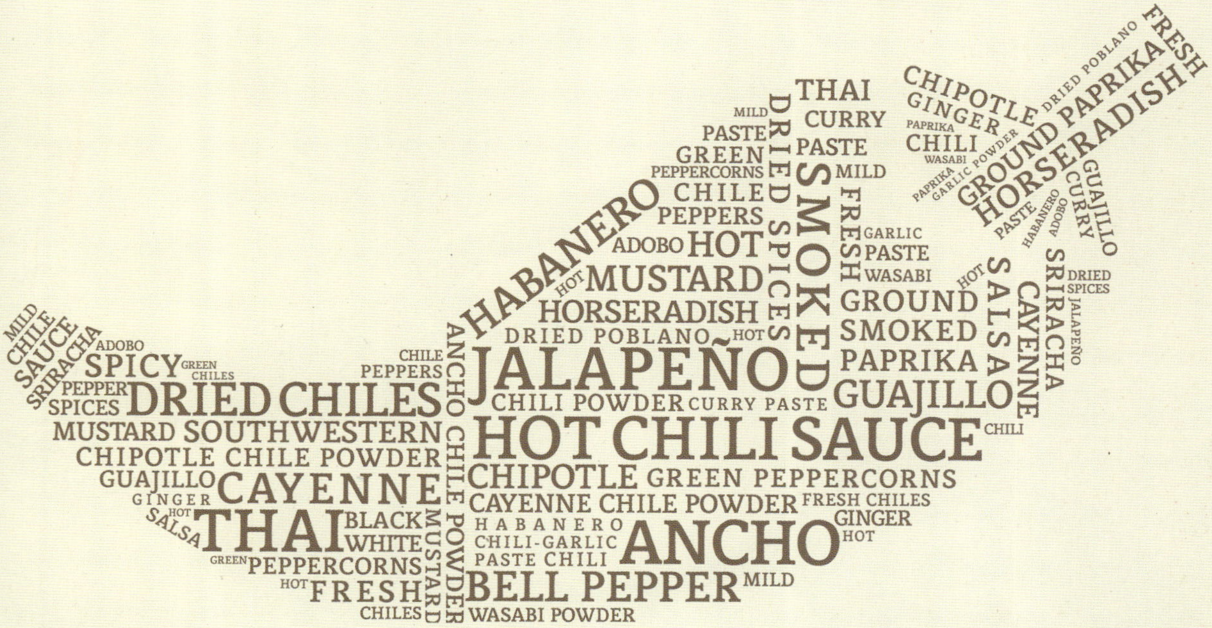

von Jamie Purviance

Fotos von Tim Turner

Inhalt

Durst. Ist womöglich Durst der wahre Grund dafür, dass wir oft ein großes Verlangen nach scharfen, würzigen Speisen haben? Ist es der Durst auf ein Abenteuer, die Sehnsucht nach einem Nervenkitzel, etwas, das einen durchrüttelt und lebendig fühlen lässt? Dazu kommt natürlich der eigentliche Durst, den wir nach einem scharfen Essen verspüren. Den löschen wir vor allem mit kalten Drinks. Und damit ist die Grillparty auch schon im Gange ...

Erfreulicherweise gibt es unzählige Zutaten, mit denen man eine köstliche, schön nuancierte Schärfe erreichen kann. Das beginnt bei frischen und getrockneten Chilischoten, geht über Saucen und Pfefferkörner bis hin zu scharfen Wurzeln und Samen – ein riesiger Vorratsschrank an Möglichkeiten wartet auf den Grillfan. Sie möchten eine Schärfe mit rauchigen Noten? Können Sie haben. Sie möchten eine Würzsauce mit Biss, mit der Sie Fleisch, Gemüse oder Fisch bestreichen können? In diesem Buch werden Sie fündig. Sie möchten eine feurige Würzmischung, mit der Sie sich bei Ihren Gästen unvergesslich machen? Wir sind dabei.

Für Sie ist die Sache ganz einfach: Sie müssen Ihren Gaumen nur auf einen kräftigen Kick einstellen, Freunde und Familie einladen und schon kann's losgehen. Scharf und würzig zu grillen ist etwas für Leute, die sich zwanglos treffen oder spontan miteinander feiern wollen. Umso besser, dass viele Marinaden und Saucen, die Sie in diesem Buch finden, im Voraus zubereitet werden können. Das verschafft Ihnen den Freiraum, das Grillen ohne Stress auf später zu verlegen und erst einmal die Gesellschaft Ihrer Freunde zu genießen.

Sie sorgen sich ein wenig, wie viel Schärfe und Feuer wir Ihnen mit unseren Rezepten zumuten? Das müssen Sie nicht. Es geht uns nicht darum, Ihre Zunge oder Ihren Gaumen zu malträtieren oder Ihnen Tränen in die Augen zu treiben. Was wir Ihnen anbieten, sind großartige, feurige, neue Geschmackserlebnisse. Der jeweilige Schärfegrad ist bei jedem Rezept auf einer Skala von 1 bis 10 angegeben (wobei 1 für sehr mild und 10 für extrem scharf steht), das heißt, Sie sehen auf einen Blick, wie „hot" es wirklich wird. Viele Rezepte bewegen sich zudem im mittleren Schärfebereich für alle diejenigen, die den Geschmackskitzel einer pikanten Sauce, eines würzigen Rubs oder einer peppigen Gewürzemischung sehr wohl zu schätzen wissen, aber trotzdem noch das Zusammenspiel unterschiedlicher Aromen und Geschmacksnoten schmecken wollen. Wir versichern Ihnen, für jeden Schärfefan ist etwas dabei, ob Sie nun nach einem Rezept für Rind, Lamm, Schwein oder Geflügel suchen, in die Welt der Meeresfrüchte abtauchen oder vegetarisch grillen wollen. Dazu kommen eine Menge Saucen, Würzmischungen und Beilagen.

Wie immer führen wir Sie auf den nachfolgenden Seiten in ein paar Grundlagen ein, damit Sie später am Grill das nötige Rüstzeug haben. Möglicherweise werden Sie überrascht sein, aus welcher Fülle an scharfen, würzigen und pikanten Zutaten Sie tatsächlich schöpfen können, und vielleicht haben Sie bis dahin noch gar nicht gewusst, welch einzigartige Möglichkeiten es gibt, in Ihren Lieblingsspeisen das Feuer zu entfachen. Dazu kommen Tipps und Ratschläge zu eher ungewöhnlichen Zutaten. Trotzalledem haben wir von Weber ein ganz einfaches Ziel: Wir wollen Sie mit den Basics ausstatten, wir wollen, dass Sie erstklassige Ergebnisse erzielen, und wir wollen Sie ermuntern, sich auf eigene Entdeckungs- und Genusstouren im Reich der Schärfe zu begeben.

Holen Sie sich ruhig schon mal was zu trinken. Ab jetzt wird's heiß!

Jamie Purviance

KLEINES CHILI-KNOW-HOW

Welche Schärfe und welcher Geschmack sich hinter dem leuchtend farbigen Äußeren von Chilis verbergen, lässt sich nicht ausmachen, und wer sich mit den verschiedenen Sorten nicht auskennt, wird so manche Überraschung erleben. Die Schärfe von Chilis ist sehr unterschiedlich, sie hängt einerseits von der Sorte ab, variiert aber auch innerhalb ein und derselben Sorte.

Die Schärfe von Chilis wird häufig in Scoville-Einheiten angegeben, eine Skala, mithilfe derer das typische Brennen im Mund gemessen wird. Sie wurde von dem Pharmakologen Wilber Scoville im frühen 20. Jh. entwickelt. Die Anzahl dieser „Hitze-Einheiten" (Scoville Heat Units, kurz SHU) steht in direktem Bezug zum Gehalt eines bestimmten Scharfmachers in Chilis, dem sogenannten Capsaicin. Es kommt besonders konzentriert in den Kernen und Trennhäuten der Schoten vor und reicht von 0 bis 1 Mio. SHU. Reines Capsaicin entspricht 15 bis 16 Mio. SHU. Die nachfolgenden Chilisorten, unterschieden in frisch und getrocknet, stellen wir Ihnen in aufsteigender Reihenfolge ihres SHU-Werts vor. Viel Spaß beim „Schwitzen"!

FRISCHE SCHOTEN

PAPRIKASCHOTE. Die auch Gemüsepaprika genannten Schoten rangieren auf der Scoville-Skala bei 0, enthalten also (fast) kein Capsaicin. Sie steuern in Grillgerichten eine knackige Saftigkeit, lebhafte Farbe (grün, rot, gelb, orange oder sogar violett) und einen mild-fruchtigen bis leicht bitteren Geschmack bei. Sie können im Ganzen ohne Öl gegrillt werden und sollten danach in einer abgedeckten Schüssel „ausdampfen", damit sich ihre Haut leichter abziehen lässt. Wählen Sie Schoten mit flachen Seiten, damit eine möglichst große Oberfläche mit dem heißen Rost in Kontakt kommen kann.

0 SHU

JALAPEÑO. Die ursprüngliche Heimat der dunkelgrünen Schoten mit ihrer annähernd dreieckigen Form ist Xalapa (Jalapa) in Mexiko. Die Früchte mit stumpfen, abgerundeten Enden sind ca. 5 cm lang. Ihre beträchtliche Schärfe lässt sich abmildern, wenn Kerne und Trennhäute entfernt werden (siehe Seite10), entweder vor oder nach dem Grillen. Jalapeños werden nicht nur gerne gegrillt, sondern auch roh, eingelegt oder gefüllt gegessen. Getrocknete und geräucherte Jalapeños werden Chipotle genannt (siehe Seite 8).

2500–9000 SHU

THAI. Klein, aber oho: Thai-Chilis warten mit einer feurig-schneidenden Schärfe auf, die so gar nicht zu ihrer Größe zu passen scheint. Die grün oder rot geerntete (je röter die Chilis sind, desto reifer sind sie), schlanke südostasiatische Sorte mit dünner Haut und einer Länge von 2 ½ cm beweist, dass kleine Schoten über ganz erhebliche „Hitze" verfügen können.

50000–100000 SHU

HABANERO. Die kleinen Schoten mit einer Länge von etwa 4 cm sind ausgereift leuchtend orange und erinnern in ihrer Form an Lampions. Habaneros werden nicht nur wegen ihrer sagenhaften Schärfe geschätzt, sondern auch wegen ihres fruchtigen Aromas. Die wohl schärfste Chilisorte, die in Deutschland im Handel erhältlich ist.

150000–325000 SHU

Grüne
Paprika-
schoten
Jalapeño-
Chili-
schoten
Thai-
Chilischoten
Habanero-
Chilischoten

GETROCKNETE SCHOTEN

ANCHO. Frische Schoten werden Poblano genannt. Die breiten, flachen Chilis mit fruchtiger, rosinenähnlicher Note, die gelegentlich einen leicht bitteren Einschlag hat, sind relativ mild und aromatisch.

1 000–2 000 SHU

GUAJILLO. Name für die getrockneten Chilis der Sorte *Mirasol.* Die Schoten müssen wegen ihrer ledrigen Haut in heißem Wasser eingeweicht werden, bevor man sie weiterverarbeiten kann.

2 500–5 000 SHU

CHIPOTLE. Getrocknete, geräucherte Jalapeño-Chilis. Die dunklen Schoten sind beliebt wegen ihres intensiv rauchigen Geschmacks. Werden häufig in Adobo-Sauce eingelegt und in Dosen verkauft.

5 000–8 000 SHU

Ancho-Chilischoten

Guajillo-Chilischoten

Chipotle-Chilischoten

CHILIPULVER (GEMAHLENE CHILIS)

PAPRIKAPULVER. Wird aus getrockneten, gemahlenen roten Chilis gewonnen und in verschiedenen Schärfegraden angeboten: als milder Extra- oder Delikatesspaprika, als pikanterer Edelsüßpaprika oder als scharfer Rosenpaprika. In Deutschland sehr bekannt ist ungarisches Paprikapulver.

GERÄUCHERTES PAPRIKAPULVER. Für diese intensiv rauchige Form des Paprikapulvers (in Spanien *Pimentón* genannt und preisgekrönt) werden rote Chilis über Eichenholzfeuer geräuchert. Es wird mild und süß *(dulce)* oder scharf *(picante)* angeboten. Die Geheimwaffe in den Würzmischungen vieler Top-Grillmeister.

CHILIPULVER (MISCHUNG). Eine relativ milde Gewürzmischung aus verschiedenen gemahlenen Chilisorten, Kräutern und weiteren Würzzutaten wie Knoblauch, Kreuzkümmel, Koriander und Nelken. In der scharfen Version sind Cayennepfeffer und/oder zerstoßene rote Chiliflocken mit im Spiel.

ANCHO-CHILIPULVER. Das Pulver aus fein gemahlenen Ancho-Chilis hat eine dunkle rotbraune Farbe, ist von mittlerer Schärfe und lässt geschmacklich Trockenfrüchte und Kaffee anklingen.

CHIPOTLE-CHILIPULVER. Dieses Chilipulver zeichnet sich durch ein rauchiges, komplexes Aroma aus, das süß-fruchtige Noten ebenso in sich vereinigt wie ein gehöriges Maß an Schärfe.

ROTE CHILIFLOCKEN. Eine Mischung aus verschiedenen geschroteten roten Chilischoten, mit denen sich ein Gericht gut abrunden lässt. Die wie Miniaturscheiben aussehenden Flocken steuern Textur, Aroma und eine pikante Schärfe bei.

CAYENNEPFEFFER (GEMAHLEN). Die längliche, schlanke, leuchtend rote Chilisorte wird hauptsächlich in Pulverform verwendet. Benannt nach dem Fluss Cayenne in Französisch-Guayana, verleiht das beliebte Chilipulver – sparsam dosiert – Marinaden und Würzmitteln einen angenehmen Schärfekick.

CHILIS VOR- UND ZUBEREITEN WIE EIN PROFI

JALAPEÑO-CHILIS ENTSTIELEN UND ENTKERNEN

Mit einem Schälmesser den Stielansatz der Chilis abschneiden und die Schoten der Länge nach halbieren. Die Chilihälften noch einmal teilen, dann mit der Messerspitze unter die weißen Trennwände mit den Kernen fahren und diese herausschneiden. Die Messerbewegung sollte immer vom Körper weg weisen. (Kerne und Trennwände nur entfernen, wenn die Schärfe der Chilischote abgemildert werden soll.)

ZUBEREITUNG EINER HOT SAUCE

Chili-Fans schwören häufig auf die Hot Sauce eines bestimmten Herstellers. Wenn Ihre Vorliebe für scharfe Saucen zur Leidenschaft wird, sollten Sie selbst Hand anlegen, weil Sie dann u. a. mit der Anzahl der verwendeten Chilis die Schärfe selbst bestimmen können. Dafür die Chilis zunächst mit ein paar Knoblauchzehen grillen, dann mit etwas Rum, Limettensaft und Salz pürieren. Das vollständige Rezept für eine Hot Sauce finden Sie auf Seite 134. Tragen Sie bei der Zubereitung unbedingt Gummihandschuhe und atmen Sie beim Pürieren auf keinen Fall die Dämpfe ein.

HAUT-REIZUNGEN VERMEIDEN

Tragen Sie bei der Verarbeitung von Chilis, insbesondere bei extrem scharfen Sorten wie Habanero, Latex-Einmalhandschuhe, die Sie anschließend mitsamt des anhaftenden ätherischen Öls und Capsaicins wegwerfen können. Diese „Brennstoffe" verursachen starke Reizungen, v. a. an empfindlichen Stellen wie Augen und Mund, und lassen sich selbst durch sorgfältiges Händewaschen nicht immer restlos entfernen.

GANZE CHILISCHOTEN GRILLEN

Größere und kleinere Chilis werden (je nach Rezept) als ganze Schoten über direkte Hitze gelegt, bis sie rundum verkohlt sind; zum Wenden nehmen Sie am besten eine Grillzange. Die gegrilllten Schoten sofort in eine Papiertüte geben (oder in eine mit Frischhaltefolie abgedeckte Schüssel)und etwa 10 Min. ausdampfen lassen. Danach kann man die verkohlte Haut mit einem Messer oder den Fingern leicht abziehen.

GETROCKNETE CHILIS VORBEREITEN

Getrocknete Chilis können in Saucen oder Marinaden jede Menge Aroma beisteuern, sofern sie richtig vorbereitet werden. Zunächst werden die Schoten von den Kernen befreit, dann auf beiden Seiten jeweils etwa 30 Sek. in einer heißen Gusseisenpfanne geröstet und anschließend etwa 30 Min. in heißem Wasser eingeweicht. Die dann abgetropften und entstielten Chilis können so vorbereitet ganz leicht mit den übrigen Zutaten püriert werden.

WEITERE SCHARFMACHER IM VORRATSSCHRANK

Neben frischen, getrockneten oder gemahlenen Chilis gibt es eine ganze Reihe weiterer Zutaten für die scharfe Küche, die, einzeln und vor allem kombiniert eingesetzt, Ihre Grillgerichte mit besonderer Geschmacksintensität ausstatten.

WURZELN

Nehmen Sie Wasabi, Meerrettich oder frischen Ingwer mal ins Visier, denn diese Wurzeln können, einmal ans Licht gebracht, unseren Gaumen ganz schön auf Trab bringen. Volle Aufmerksamkeit erhalten sie beispielsweise in Gerichten wie dem Lamm in Curry-Ingwer-Marinade mit Joghurtsauce (Seite 44), den marinierten Lammkarrees mit Rhabarber-Meerrettich-Chutney (Seite 46) oder auch den Paillards von der Pute mit brauner Wasabi-Butter und Blattsenf (Seite 78).

PFEFFERKÖRNER

Gemahlene schwarze oder weiße Pfefferkörner, aber auch grüne Pfefferkörner sind ein Weckruf für unsere Geschmacksknospen mit ihrer kräftigen, ein wenig beißenden, unverwechselbaren Schärfe. Rezepte, die den getrockneten Beeren ein besonderes Forum bieten, sind etwa die Porterhouse-Steaks mit flambierter Pfefferbutter (Seite 26) oder die Pfeffer-Skirt-Steaks mit Yambohnen-Orangen-Relish (Seite 35).

SENF

Senfkörner oder -pulver, scharfer Senf oder Dijon-Senf peppen Marinaden, Saucen und Glasuren im Handumdrehen geschmacklich auf und verleihen ihnen eine schöne goldgelbe bis -braune Farbe. Probieren Sie Rezepte wie die Chiliburger mit Mango-Senf (Seite 52), die Chicken Wings mit Honig-Senf-Glasur (Seite 64), das Bierdosen-Hähnchen, das mit Melasse und Senf glasiert wird (Seite 72) oder die Tandoori-Lachsfilets mit Estragon-Senf-Sauce (Seite 94).

FERTIGSAUCEN

Scharfe Chilisaucen wie Tabasco, aber auch ihre milderen Versionen, chinesische Chili-Knoblauch-Pasten, Chili-Knoblauch-Saucen wie Sriracha und Thai-Currypasten sind für die scharfe schnelle Küche unverzichtbare Geschmacksturbos. Ein paar Löffel reichen aus, um Fleisch- oder Gemüsegerichten eine vielschichtige Schärfenote mitzugeben. Und das Beste daran? Sie sind lange haltbar und können auch geöffnet monatelang im Kühlschrank gelagert werden. Das Hähnchen in Thai-Marinade (Seite 67) wird z. B. mit Sriracha glasiert und die Zitronengras-Garnelen (Seite 83) garen u. a. in einer roten Thai-Currypaste.

BRINGEN SIE SCHÄRFE UND GESCHMACK INS GLEICHGEWICHT

Unabhängig davon, ob Sie grillen oder eine andere Gartechnik anwenden, Sie haben immer ein festes Ziel vor Augen: ein Essen mit ausgewogenem, reichhaltigem Geschmack hervorzubringen, dessen Zutaten miteinander harmonieren und sich gegenseitig ergänzen. Das gilt für kräftige, pikante und scharfe Speisen, wie sie etwa die Rezepte dieses Buchs beschreiben, genauso aber auch für subtilere, feinere Gerichte, wie Sie sie in anderen Kochbüchern finden. Der Schlüsselbegriff heißt Gleichgewicht. Eine pausenlose Schärfeexplosion am Gaumen verhindert, dass Sie das Zusammenspiel der anderen Aromen noch wahrnehmen können, ebenso Geschmacksempfindungen wie salzig, süß, sauer, bitter und Umami. Denken Sie auch an die unvergleichlichen Rauchnoten, die beim Grillen entstehen, an die herrlichen Aromen durch die Maillard-Reaktion und kombinieren Sie dies alles mit dem Geschmack der Getränke, die Sie zu sich nehmen werden (und das werden bei all den scharfen Sachen so einige sein) – ein Sammelsurium an Möglichkeiten, Magie herzustellen.

Sie erreichen diese Magie, wenn Sie den Zutaten die nötige Aufmerksamkeit schenken, die zum Gleichgewicht beitragen: Saures wie etwa Zitrussäfte, Tomaten, Joghurt und Essig; Süßes wie Zucker, Ahornsirup, Honig, Agavendicksaft und Melasse; und Salziges wie z. B. Sardellen, Oliven und Kapern.

Spielen Sie mit unseren Rezepten, machen Sie sie zu ihren eigenen und grillen Sie mit Selbstvertrauen. Ein gut gefüllter Vorratschrank und ein Gefühl dafür, wie unterschiedliche Aromen miteinander harmonieren, helfen Ihnen dabei, draußen am Grill ein Fest zu feiern: Hot & Spicy!

Grundlagen des Grillens

DER RICHTIGE UMGANG MIT DEM GRILL

DIREKTE UND INDIREKTE HITZE

Bei direkter Hitze glühen die Kohlen direkt unter dem Grillgut. Bei indirekter Hitze ist die Glut auf einer oder auf beiden Außenseiten des Kohlerosts, das Grillgut liegt über dem Bereich ohne Glut.

Direkte Hitze ist ideal für kleines, zartes Grillgut, das schnell gar wird, etwa Steaks, Burger, Koteletts, ausgelöste Hähnchenteile, Fischfilets, Schaltiere und klein geschnittenes Gemüse. Die Oberfläche wird durch die direkte Hitze scharf angebraten und entwickelt durch Karamellisierung köstliche Aromen. Wenn Sie Zutaten, die dünner als 3 cm sind, über direkter Hitze grillen, werden sie bis zum Kern in wenigen Minuten gar.

Indirekte Hitze eignet sich besser für größere, weniger zarte Stücke, die langsam gegart werden müssen, etwa ein ganzes Hähnchen oder ein Schweinebraten. Sie ist aber auch sehr nützlich als eine Art Sicherheitszone: Hier können Sie Grillgut „zwischenparken", wenn über direkter Hitze Flammen hochschlagen. Über schwacher indirekter Hitze kann man zudem das Grillgut bis zum Servieren warm halten.

DEN HOLZKOHLEGRILL FÜR DIREKTE UND INDIREKTE HITZE VORBEREITEN

Briketts oder Holzkohle lassen sich am besten mit einem Anzündkamin verteilen: Diesen dafür bis zum Rand mit Holzkohle oder Briketts füllen, anzünden und brennen lassen, bis die Stücke an den Rändern glühen bzw. mit einer leichten Ascheschicht überzogen sind. Die glimmenden Stücke so auf dem Kohlerost verteilen, dass er zur Hälfte oder zu zwei Dritteln dicht bedeckt ist. Den Grillrost einsetzen, den Deckel schließen, alle Lüftungsschieber öffnen und warten, bis im Grill die gewünschte Hitze herrscht. Mit dieser sogenannten Zwei-Zonen-Glut wird am häufigsten gearbeitet, weil es so

Durch das Ausschalten eines oder mehrerer Brenner kann im Grunde sofort von direkter zu indirekter Hitze gewechselt werden. Verfügt ein Gasgrill nur über zwei Brenner, sollten Sie den hinteren ausschalten. Hat der Grill mehr als zwei Brenner, wird der mittlere ausgeschaltet. Die Brenner, die angeschaltet bleiben, können je nach Bedarf auf hoch, mittel oder niedrig gestellt werden. Liegt das Grillgut über einem nicht eingeschalteten Brenner und ist der Deckel geschlossen, grillen Sie mit indirekter Hitze.

eine Zone mit direkter und eine Zone mit indirekter Hitze gibt. Die Temperatur einer Zwei-Zonen-Glut kann hoch, mittel oder niedrig sein, je nachdem, wie viel Holzkohle verwendet wird und wie lange sie bereits brennt – denn die Glut verliert ja mit der Zeit an Heizkraft.

DEN GASGRILL FÜR DIREKTE UND INDIREKTE HITZE VORBEREITEN

Die Bedienung eines Gasgrills ist in der Regel unkompliziert, variiert allerdings ein wenig von Modell zu Modell. Lesen Sie stets die Gebrauchsanleitung des Herstellers. Zum Anzünden eines Weber Gasgrills zunächst den Deckel öffnen, sodass sich kein ausströmendes Gas im Grillraum sammelt. Dann das Ventil der Gaszufuhr öffnen und einige Minuten warten, bis das Gas in die Leitungen geströmt ist. Nun die Brenner auf höchster Stufe anzünden. Dann den Deckel schließen und den Grill 10–15 Min. vorheizen. Danach alle Brenner auf die gewünschte Hitze einstellen.

Grundlagen des Grillens

UNVERZICHTBARE GRILLHELFER

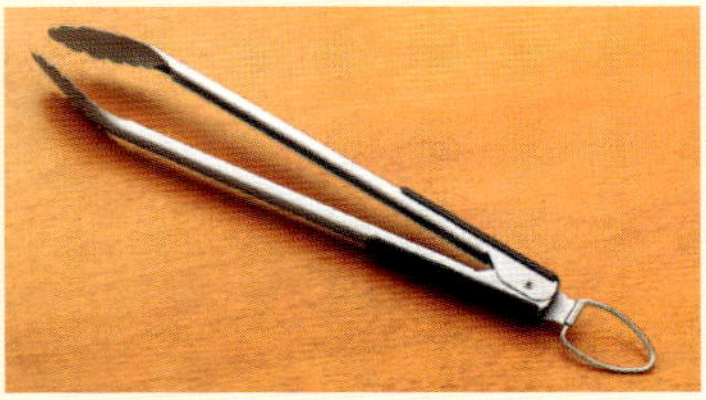

GRILLZANGE

Das mit Abstand meistgebrauchte Zubehör! Sie sollten drei Grillzangen zur Verfügung haben: eine für rohe Zutaten, eine zweite für gegartes Grillgut und eine dritte zum Umplatzieren der Holzkohle.

GRILLBÜRSTE

Damit reinigt man den Rost vor und auch während des Grillens. Wählen Sie ein stabiles Modell mit langem Stiel und Borsten aus rostfreiem Stahldraht.

GRILLPFANNE

Zum Grillen kleiner Stücke wie Champignons oder Cocktailtomaten, die sonst leicht durch den Rost fallen würden, ist die gelochte Grillpfanne ein überaus praktisches Utensil. Die Pfanne immer kräftig vorheizen!

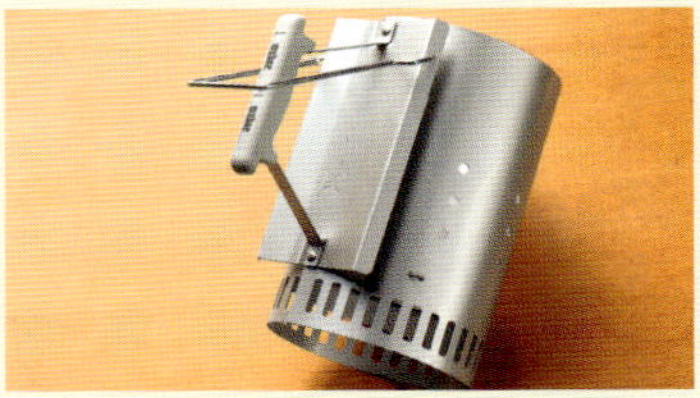

ANZÜNDKAMIN

Mit ihm bringt man mühelos und schnell Holzkohle und Briketts gleichmäßig zum Glühen. Er sollte ein Fassungsvermögen von mind. 5 Litern haben.

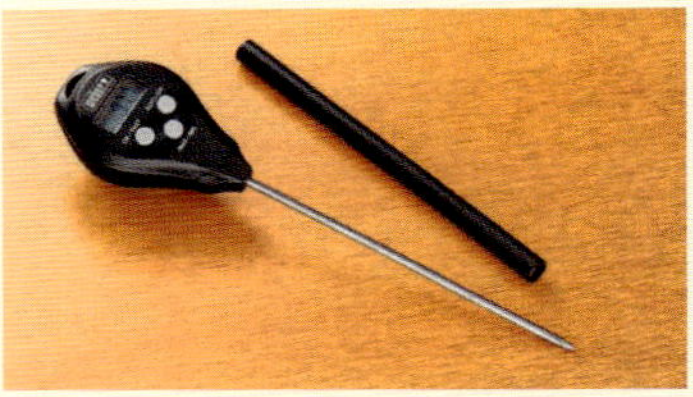

DIGITALES FLEISCH-THERMOMETER

Ohne ein verlässliches Thermometer zu grillen, gleicht einem Lauf im Dunklen. Unvorhersehbare Probleme sind dann vorprogrammiert. Nur mit einem solchen Thermometer können Sie den Garzustand der Zutaten ermitteln.

BACKBLECH

Als tragbare Arbeitsfläche, auf der man Grillgut ölen und würzen kann, bietet sich ein Backblech ebenso an wie als Zwischenstation für alles, was gerade vom Grillrost geholt wird. Am besten sind gleich mehrere Bleche.

PINSEL

Gute Pinsel sind ein hervorragendes Werkzeug zum gleichmäßigen Einölen roher Zutaten und zum Bestreichen des Grillguts mit Saucen oder Glasuren. Wählen Sie langstielige Pinsel mit Silikonborsten, die man in der Spülmaschine reinigen kann.

GRILLHANDSCHUHE

Grillhandschuhe schützen Ihre Hände und Unterarme, wenn Sie mit einer Holzkohleglut oder im hinteren Bereich eines heißen Grills hantieren.

GRILLWENDER

Am besten geeignet sind langstielige Modelle mit einem leichten Knick am Griff, bei denen die Hebefläche also etwas tiefer liegt als die Hand, die den Griff hält. Grillwender sind besonders nützlich zum Wenden von zartem Grillgut, damit dieses nicht auseinanderfällt.

TIMER

Verabschieden Sie sich von verkohlten Steaks oder ausgetrockneten Koteletts, die nur wenige Minuten zu lange auf dem Grill waren. Ein Timer erinnert Sie zuverlässig daran, wann Sie sich wieder um Ihr Grillgut kümmern müssen. Und achten Sie darauf, dass er laut ist!

Rezepte Hot & Spicy

18

RINDFLEISCH

LAMMFLEISCH

SCHWEINEFLEISCH

GEFLÜGEL

SEAFOOD

VEGETARISCH

Die Anzahl der Chilischoten gibt den Schärfegrad an.

MINI-CHEESEBURGER
MIT SPECK UND SCHARFEM KETCHUP

ZUBEREITUNGSZEIT: 20 Min.
GRILLZEIT: 6–8 Min.
SCHÄRFEGRAD: 4/10

6 Scheiben Frühstücksspeck, quer halbiert
500 g rote Zwiebeln, längs halbiert und in feine Streifen geschnitten
1 TL fein gehackte Thymianblättchen
1 TL Zucker
¼ TL grobes Meersalz
¼ TL gemahlener schwarzer Pfeffer
125 ml Ketchup
1 EL scharfe Chili-Knoblauch-Sauce (z. B. Sriracha)

Für die Pattys

1 kg Rinderhackfleisch aus der Schulter (Fettanteil 20 %), vorzugsweise frisch vom Metzger durchgedreht
2 EL Dijon-Senf
1 ½ TL grobes Meersalz
1 TL Worcestersauce
¾ TL gemahlener schwarzer Pfeffer

6 dünne Scheiben scharfer Cheddar, in Viertel geschnitten
12 kleine, runde weiche Brötchen, aufgeschnitten
2 Eiertomaten, jeweils quer in 6 dünne Scheiben geschnitten

1. Den Speck in einer großen Pfanne bei mittlerer Hitze in 10–12 Min. knusprig braten, dabei gelegentlich wenden. Herausnehmen und auf Küchenpapier entfetten. Die Zwiebeln mit Thymian und Zucker in die Pfanne geben und unter gelegentlichem Rühren in 10–12 Min. weich und goldgelb braten. Die karamellisierten Zwiebeln anschließend mit dem Salz und Pfeffer würzen.

2. Den Grill für direkte mittlere bis starke Hitze (200–260 °C) vorbereiten.

3. In einer kleinen Schüssel den Ketchup mit der Chili-Knoblauch-Sauce verrühren.

4. Die Zutaten für die Pattys behutsam vermischen. Mit angefeuchteten Händen aus der Hackfleischmasse 12 gleich große, lockere, etwa 1 ¼ cm dicke Pattys formen. Dabei das Fleisch nicht zu stark zusammendrücken, sonst werden die Pattys beim Grillen hart. Mit dem Daumen oder Rücken eines Teelöffels eine flache Vertiefung in die Mitte der Pattys drücken. Dadurch wölben sie sich während des Grillens nicht und garen gleichmäßig.

5. Den Grillrost mit der Bürste reinigen. Die Pattys über ***direkter mittlerer bis starker Hitze*** bei geschlossenem Deckel 6–8 Min. grillen, bis sie halb durch (medium) sind, dabei einmal wenden, sobald sie sich vom Rost lösen lassen, ohne an ihm kleben zu bleiben (bei Flammenbildung die Pattys vorübergehend über indirekte Hitze legen). Während der letzten Grillminute auf jedem Patty 2 Käseviertel schmelzen lassen und die Brötchen mit den Schnittflächen nach unten über direkter Hitze rösten.

6. Die Unterseite der Brötchen mit scharfem Ketchup bestreichen. Zwischen den Brötchenhälften je 1 Patty, 1 Tomatenscheibe, ½ Speckscheibe und karamellisierte Zwiebeln anrichten und die Burger sofort servieren.

FÜR 6 PERSONEN

MAROKKANISCHE KÖFTE
MIT PAPRIKA-COUSCOUS

ZUBEREITUNGSZEIT: 30 Min.
GRILLZEIT: 8–10 Min.
ZUBEHÖR: 4 lange flache Metallspieße
SCHÄRFEGRAD: 2/10

Für die Köfte

700 g Rinderhackfleisch aus dem flachen Roastbeef (Sirloin; Fettanteil 10 %) oder Lammhackfleisch
1 mittelgroße Zwiebel, grob gerieben
5 EL fein gehackte glatte Petersilien- oder Korianderblätter
2 Thai-Chilischoten, entkernt, sehr fein gehackt
1 EL sehr fein gehackter Knoblauch
1 EL Paprikapulver
2 TL gemahlener Kreuzkümmel
1 ½ TL grobes Meersalz
1 TL fein geriebener Ingwer
1 TL gemahlener Koriander
½ TL Zimtpulver

Für den Couscous

1 EL Olivenöl
1 mittelgroße rote Paprikaschote, in 1 cm große Würfel geschnitten
¾ TL grobes Meersalz
170 g Instant-Couscous

Olivenöl
2 EL fein gehackte Koriander- oder glatte Petersilienblätter
1 Bio-Zitrone, in Spalten geschnitten

1. In einer großen Schüssel die Zutaten für die Köfte mit einer Gabel gründlich vermischen. Mit angefeuchteten Händen aus der Hackfleischmasse zwölf gleich große, etwa 10 cm lange Fleischröllchen formen. Je 3 Köfte der Länge nach mittig auf einen Metallspieß stecken, dabei die Röllchen fest um den Spieß drücken. Die Köfte-Spieße bis zum Grillen in den Kühlschrank stellen.

2. Den Grill für direkte mittlere bis starke Hitze (200–260 °C) vorbereiten.

3. Für den Couscous in einem mittelgroßen Topf das Öl auf mittlerer bis hoher Stufe erhitzen. Die Paprikawürfel darin in etwa 3 Min. unter gelegentlichem Rühren weich dünsten. Mit 500 ml Wasser aufgießen, das Wasser salzen und auf hoher Stufe zum Kochen bringen. Den Couscous einrühren, den Topf vom Herd nehmen und den Couscous im verschlossenen Topf etwa 5 Min. quellen lasssen, bis er weich ist. Couscous mit einer Gabel auflockern, anschließend zugedeckt warm halten.

4. Den Grillrost mit der Bürste reinigen. Die Köfte ringsum großzügig mit Olivenöl einpinseln. Die Spieße über ***direkter mittlerer bis starker Hitze*** bei geschlossenem Deckel 8–10 Min. grillen, dabei ein- bis zweimal wenden, bis die Köfte außen gut gebräunt sind, das Fleisch im Kern aber noch leicht rosa ist. Spieße vom Grill nehmen.

5. Den Couscous auf vier Teller verteilen. Die Köfte von den Spießen abstreifen und je 3 Köfte auf einer Portion Couscous anrichten. Mit Petersilie oder Koriander bestreuen und warm mit den Zitronenspalten servieren.

FÜR 4 PERSONEN

TIPP!

Köfte haben typischerweise eine längliche Form und werden zum Grillen auch der Länge nach auf flache Spieße gesteckt. Verwenden Sie dafür am besten Metallspieße, da Holzspieße meist zu dünn und nicht stabil genug sind, die Köfte sicher zu halten.

BURGER SLOPPY JOE

ZUBEREITUNGSZEIT: 15 Min., plus etwa 45 Min. für die Sauce
GRILLZEIT: 1 ¼–1 ¾ Std.
ZUBEHÖR: Fleischthermometer
SCHÄRFEGRAD: 4/10

Für die Würzmischung

1 EL Paprikapulver
1 EL Vollrohrzucker
2 TL Knoblauchgranulat
2 TL grob gemahlener schwarzer Pfeffer
2 TL grobes Meersalz
1 TL Chilipulver (Gewürzmischung)

1 ½ kg ausgelöster Rinderbraten (Schulter)
Olivenöl

Für die Sauce

2 EL Olivenöl
3 mittelgroße rote Zwiebeln (etwa 150 g), fein gewürfelt
1 große Paprikaschoten (etwa 150 g), fein gewürfelt
2 TL sehr fein gehackter Knoblauch
1 EL Mehl
1 EL Chilipulver (Gewürzmischung)
425 ml Rinderbrühe
1 Dose (400 g Inhalt) gewürfelte Tomaten
125 ml Barbecue-Sauce (Fertigprodukt)

grobes Meersalz
gemahlener schwarzer Pfeffer
8–10 Burger-Brötchen, aufgeschnitten

1. Die Zutaten für die Würzmischung vermengen. Den Braten rundum mit Olivenöl bestreichen und mit der Würzmischung einreiben. Vor dem Grillen 15–30 Min. Raumtemperatur annehmen lassen.

2. Inzwischen den Grill für direkte und indirekte mittlere Hitze (175–230 °C) vorbereiten.

3. Den Grillrost mit der Bürste reinigen. Das Fleisch über ***direkter mittlerer Hitze*** bei geschlossenem Deckel etwa 15 Min. anbraten, dabei gelegentlich wenden, dann über ***indirekte mittlere Hitze*** legen und bei geschlossenem Deckel 1–1 ½ Std. grillen, bis ein Fleischthermometer, an der dicksten Stelle eingestochen, eine Kerntemperatur von 70 °C anzeigt. Den Braten vom Grill nehmen und ruhen lassen, während Sie die Sauce zubereiten.

4. In einem großen schweren Topf das Öl auf mittlerer bis hoher Stufe erhitzen. Zwiebeln und Paprika darin unter gelegentlichem Rühren 8–10 Min. dünsten, bis die Zwiebelwürfel weich und leicht gebräunt sind. Den Knoblauch 1 Min. mitdünsten. Mehl und Chilipulver unter Rühren anschwitzen, mit der Brühe aufgießen und auf hoher Stufe zum Kochen bringen, dabei gelegentlich umrühren. Tomaten und Barbecue-Sauce einrühren, die Hitze reduzieren und die Sauce unter gelegentlichem Rühren etwa 30 Min. einkochen lassen. Das Fleisch in mundgerechte Stücke schneiden und 10–15 Min. in der Sauce köcheln lassen. Mit Salz und Pfeffer würzen. Ist die Sauce inzwischen zu dick, mit 60 ml Wasser verdünnen.

5. Den Grillrost mit der Bürste reinigen. Die Brötchen mit den Schnittflächen nach unten 30 Sek. über ***direkter mittlerer Hitze*** rösten. Fleisch und Sauce in den Brötchen anrichten. Sofort servieren.

FÜR 8–10 PERSONEN

KARIBISCHE RINDFLEISCHSPIESSE

ZUBEREITUNGSZEIT: 30 Min.
MARINIERZEIT: 4–6 Std.
GRILLZEIT: 6–8 Min.
ZUBEHÖR: Metall- oder Holzspieße (Holzspieße mind. 30 Min. wässern)
SCHÄRFEGRAD: 3/10

Für die Marinade

6 EL Ananassaft
3 EL Reisessig
2 EL Melasse oder dunkler Zuckerrübensirup
2 EL scharfe Chili-Knoblauch-Sauce (z. B. Sriracha)
2 TL grobes Meersalz

1 Sirloin-Steak (flaches Roastbeef; etwa 800 g), überschüssiges Fett entfernt, in 2½ cm große Würfel geschnittten
16 Perl- oder Cipollini-Zwiebeln (insgesamt 200–250 g)
8 Cocktailtomaten
1 große grüne Paprikaschote, Stielansatz, Samen und Trennwände entfernt, in 2½ cm große quadratische Stücke geschnitten
8 Ananaswürfel, je etwa 2½ cm groß
Speiseöl
700 g gegarter weißer Reis (entspricht etwa 280 g rohem Reis)

1. In einer kleinen Schüssel die Zutaten für die Marinade verrühren. Die Fleischwürfel in einen großen, wiederverschließbaren Plastikbeutel geben, die Marinade dazugießen, die Luft aus dem Beutel streichen und den Beutel fest verschließen. Die Marinade im Beutel gleichmäßig verteilen und das Fleisch 4–6 Std. im Kühlschrank marinieren. In dieser Zeit den Beutel ein- bis zweimal wenden.

2. Mit einem scharfen Messer die Oberseite der ungeschälten Zwiebeln kreuzweise einschneiden. In einem kleinen Topf Wasser zum Kochen bringen und die Zwiebeln darin 5 Min. köcheln lassen. Abgießen und mit kaltem Wasser abbrausen, anschließend von den lauwarmen Zwiebeln die Schale abziehen. Die geschälten Zwiebeln zugedeckt kalt stellen.

3. Den Grill für direkte mittlere bis starke Hitze (200–260 °C) vorbereiten.

4. Die Fleischwürfel aus der Marinade nehmen. Die Marinade in einen kleinen Topf gießen, 1 Min. kochen lassen und zum Bestreichen der Spieße beiseitestellen. Fleisch, Zwiebeln, Tomaten, Paprika und Ananas abwechselnd und möglichst gleich verteilt auf Spieße stecken, dann rundum dünn mit Öl bepinseln.

5. Den Grillrost mit der Bürste reinigen. Die Spieße über ***direkter mittlerer bis starker Hitze*** bei geschlossenem Deckel bis zum gewünschten Gargrad des Fleisches grillen, 6–8 Min. für rosa/rot (medium rare), dabei die Spieße ein- bis zweimal wenden und nach 4 Min. einmal mit der Marinade bestreichen. Sofort mit dem warmen Reis servieren. Sehr gut schmeckt dazu auch der Reissalat mit Limettendressing (siehe Seite 131).

FÜR 4 PERSONEN

PORTERHOUSE-STEAKS
MIT FLAMBIERTER PFEFFERBUTTER

ZUBEREITUNGSZEIT: 20 Min.
GRILLZEIT: 6–8 Min.
ZUBEHÖR: langes Streichholz
SCHÄRFEGRAD: 2/10

4 Porterhouse-Steaks (je etwa 500 g schwer und 2 ½ cm dick), überschüssiges Fett entfernt
2 EL Olivenöl
1½ TL grobes Meersalz
¾ TL gemahlener schwarzer Pfeffer

Für die Butter

2 EL kalte Butter
2 EL fein gewürfelte Schalotten
4 EL plus 1 TL Weinbrand
60 g weiche Butter
1 EL Schnittlauchröllchen
1 EL grob gemahlener schwarzer Pfeffer
2 TL fein gehackte Thymianblättchen
½ TL grobes Meersalz

TIPP!

Als Beilage zu den Steaks passen gegrillte neue Kartoffeln gut. Dafür die Kartoffeln halbieren oder vierteln, in Öl wenden, mit Salz und Pfeffer würzen und anschließend über ***direkter mittlerer Hitze*** bei geschlossenem Deckel 15–20 Min. grillen, dabei gelegentlich wenden, bis sie weich und auf allen Seiten schön gebräunt sind.

1. Die Steaks auf beiden Seiten mit Öl bestreichen und gleichmäßig salzen und pfeffern. Vor dem Grillen 30 Min. Raumtemperatur annehmen lassen.

2. Inzwischen den Grill für direkte starke Hitze (230–290 °C) vorbereiten.

3. In einem kleinen Topf die kalte Butter auf mittlerer bis hoher Stufe schmelzen. Sobald sie nicht mehr schäumt, die Schalottenwürfel in der heißen Butter unter gelegentlichem Rühren etwa 2 Min. dünsten, bis sie an den Rändern etwas Farbe annehmen. Den Topf vom Herd nehmen und 4 EL Weinbrand unterrühren. Mit einem langen Streichholz den Weinbrand vorsichtig anzünden (die Flammen werde hoch aus dem Topf schlagen), den Topf zurück auf mittlere bis starke Hitze stellen und den Weinbrand 30 Sek. flambieren. Sollten die Flammen nicht von selbst erlöschen, den Topf mit einem Deckel fest verschließen. Die heiße Buttermischung in einer Schüssel abkühlen lassen.

4. In einer mittelgroßen Schüssel die weiche Butter mit Schnittlauch, Pfeffer, Thymian und Salz vermischen, dann die abgekühlte flambierte Buttermischung und den restlichen Teelöffel Weinbrand gründlich unterrühren. Bei Raumtemperatur beiseitestellen.

5. Den Grillrost mit der Bürste reinigen. Die Steaks über ***direkter starker Hitze*** bei geschlossenem Deckel bis zum gewünschten Gargrad grillen, 6–8 Min. für rosa/rot (medium rare), dabei ein- bis zweimal wenden (sollten Flammen hochschlagen, die Steaks vorübergehend über indirekte Hitze legen). Steaks vom Grill nehmen und 3–5 Min. ruhen lassen. Etwas Pfefferbutter über die Steaks löffeln und warm servieren.

FÜR 4–6 PERSONEN

T-BONE-STEAKS AUS DEM MESQUITERAUCH

MIT TOMATEN-CHILI-SALSA

ZUBEREITUNGSZEIT: 20 Min.
GRILLZEIT: 12–14 Min.
ZUBEHÖR: 2 Handvoll Mesquiteholz-Chips (mind. 30 Min. gewässert); Gummihandschuhe
SCHÄRFEGRAD: 7/10

Für die Würzmischung

2 Habanero-Chilischoten, vorzugsweise rote Schoten
2 EL Olivenöl
1 TL grobes Meersalz
1 TL grob gemahlener schwarzer Pfeffer
1 Knoblauchzehe, sehr fein gehackt

3 T-Bone-Steaks (je etwa 600 g schwer und 2½ cm dick), überschüssiges Fett entfernt
Olivenöl

Für die Salsa

2 Scheiben Zwiebel (je etwa 1 cm dick)
5–6 rote Chilischoten (z. B. Thai-Chilis), Stielansatz entfernt
2 große Tomaten
5 EL grob gehackte Korianderblätter
Saft von 1 Limette
½ TL grobes Meersalz
¼ TL grob gemahlener schwarzer Pfeffer

1. Mit Gummihandschuhen (damit schützen Sie sich vor Hautreizungen) Stiel und Kerne der Habanero-Chilis entfernen, anschließend die Schoten fein hacken. In einer kleinen Schüssel alle Zutaten für die Würzmischung vermengen. Die Steaks auf beiden Seiten dünn mit Öl bestreichen und gleichmäßig mit der Würzmischung bestreuen. Die Steaks vor dem Grillen 15–30 Min. Raumtemperatur annehmen lassen.

2. Inzwischen den Grill für direkte starke Hitze (230–290 °C) vorbereiten.

3. Den Grillrost mit der Bürste reinigen. Für die Salsa die Zwiebelscheiben auf beiden Seiten dünn mit Öl bespinseln. Anschließend mit Chilischoten und Tomaten über ***direkter starker Hitze*** bei geschlossenem Deckel etwa 6 Min. grillen, bis die Haut der Chilis und Tomaten stellenweise verkohlt ist und Blasen wirft und die Zwiebeln weich sind. Die Zutaten in dieser Zeit gelegentlich wenden. Vom Grill nehmen und abkühlen lassen.

4. Tomaten enthäuten, entkernen und grob würfeln. Chilis enthäuten und mit den Zwiebelscheiben in große Stücke schneiden. Die Zutaten in der Küchenmaschine zu einer stückigen Paste pürieren. Die Paste in eine Schüssel umfüllen und mit Korianderblättern, der Hälfte des Limettensafts, Salz und Pfeffer verrühren.

5. Den Grillrost mit der Bürste reinigen. Holz-Chips abtropfen lassen und direkt auf die Holzkohleglut oder nach Herstelleranweisung in die Räucherbox des Gasgrills geben und den Deckel schließen. Sobald Rauch entsteht, die Steaks über ***direkte starke Hitze*** legen und bei geschlossenem Deckel bis zum gewünschten Gargrad grillen, 6–8 Min. für rosa/rot (medium rare), dabei ein- bis zweimal wenden. Steaks vom Grill nehmen und auf einer Servierplatte 3–5 Min. ruhen lassen. Anschließend mit dem übrigen Limettensaft beträufeln und zusammen mit der Salsa servieren.

FÜR 6 PERSONEN

CHILI-RINDFLEISCHSPIESSE
MIT GUACAMOLE

ZUBEREITUNGSZEIT: 25 Min.
MARINIERZEIT: 2–4 Std.
KÜHLZEIT: mind. 1 Std.
GRILLZEIT: 6–8 Min.
ZUBEHÖR: 6 Metall- oder Holzspieße (Holzspieße mind. 30 Min. wässern); Gummihandschuhe
SCHÄRFEGRAD: 6/10

Für die Marinade

3 große Jalapeño-Chilischoten
1 Habanero-Chilischote
1 mittelgroße Zwiebel, fein gewürfelt
250 ml dunkles Bier
½ Bund Koriandergrün (etwa 40 g), die Blätter grob gehackt
60 ml frisch gepresster Limettensaft
4 Knoblauchzehen, fein gehackt

grobes Meersalz
gemahlener schwarzer Pfeffer
1 ¼ kg Sirloin-Steak (flaches Roastbeef; etwa 3 cm dick), überschüssiges Fett entfernt, in 3 cm große Würfel geschnitten

Für die Guacamole

2 reife Avocados
1 mittelgroße Tomate, entkernt, fein gewürfelt
1 mittelgroße Jalapeño-Chilischote, entkernt, fein gehackt
2 EL grob gehackte Korianderblätter
1 EL frisch gepresster Limettensaft
1 kleine Knoblauchzehe, sehr fein gehackt

Olivenöl

1. Für die Marinade die Jalapeños in der Flamme eines Gasbrenners bei mittlerer Hitze oder unter dem Backofengrill etwa 4–6 Min. von allen Seiten rösten. Auf einem Schneidebrett abkühlen lassen, anschließend die Schoten fein hacken. Mit Gummihandschuhen (damit schützen Sie sich vor Hautreizungen) Stiel und Kerne der Habanero-Chili entfernen, die Schote anschließend fein hacken. Die Zutaten für die Marinade in einer großen Schüssel vermengen und mit 1 ½ TL Salz und ½ TL Pfeffer verrühren. Die Fleischwürfel in der Marinade wenden und zugedeckt 2–4 Std. im Kühlschrank marinieren.

2. Für die Guacamole in einer mittelgroßen Schüssel das Fruchtfleisch der Avocados mit einer Gabel zerdrücken. Mit den restlichen Zutaten sowie 2 EL Öl, ½ TL Salz und 1 Msp.Pfeffer vermischen. Direkt auf die Oberfläche der Guacamole ein Stück Frischhaltefolie legen, damit sie sich nicht braun verfärbt, und die Guacamole bis zu 1 Std. kalt stellen.

3. Den Grill für direkte starke Hitze (230–290 °C) vorbereiten.

4. Die Fleischwürfel aus der Marinade nehmen und mit Küchenpapier trockentupfen (ein wenig Pfeffer, Zwiebelwürfel oder Korianderblätter dürfen am Fleisch ruhig noch haften bleiben). Übrige Marinade weggießen. Mit Gummihandschuhen die Fleischwürfel mit ein wenig Abstand zueinander auf Spieße stecken und von allen Seiten dünn mit Öl bestreichen.

5. Den Grillrost mit der Bürste reinigen. Die Spieße über ***direkter starker Hitze*** bei geschlossenem Deckel grillen, dabei ein- bis zweimal wenden, bis das Fleisch dunkel gebräunt und seine Oberfläche karamellisiert ist und im Kern den gewünschten Gargrad erreicht hat, 6–8 Min. für rosa/rot (medium rare). Die Spieße vom Grill nehmen, salzen und warm mit der Guacamole servieren.

FÜR 6 PERSONEN

PRIME RIB ROAST
MIT SENFKRUSTE UND MEERRETTICHCREME

ZUBEREITUNGSZEIT: 20 Min.
MARINIERZEIT: 12–24 Std.
GRILLZEIT: 2 ¾–3 Std.
ZUBEHÖR: Gewürzmühle, Fleischthermometer
SCHÄRFEGRAD: 3/10

Für die Würzpaste
2 EL schwarze Pfefferkörner
2 EL Senfsamen
125 g körniger Senf
2 EL Worcestersauce
2 EL gehackte Rosmarinnadeln

5 ½–6 ½ kg Rinderbraten mit Knochen (Hochrippe am Stück), überschüssiges Fett entfernt

Für die Meerrettichcreme
250 g Schmand
2 EL Meerrettich (Glas)
1 EL getrocknete grüne Pfefferkörner, zerstoßen
1 EL Worcestersauce

2 EL grobes Meersalz

1. Für die Würzpaste Pfefferkörner und Senfsamen in einer Gewürzmühle grob mahlen. In eine kleine Schüssel geben und mit den übrigen Zutaten für die Paste vermischen.

2. Die Würzpaste gleichmäßig auf dem Fleisch verstreichen. Den Braten in Frischhaltefolie wickeln und 12–24 Std. im Kühlschrank marinieren. Vor dem Grillen 30–40 Min. Raumtemperatur annehmen lassen.

3. Inzwischen den Grill für indirekte mittlere Hitze (175–230 °C) vorbereiten.

4. In einer kleinen Schüssel die Zutaten für die Meerrettichcreme gründlich verrühren. Bis zum Servieren kalt stellen.

5. Den Grillrost mit der Bürste reinigen. Den Braten gleichmäßig salzen, anschließend über ***indirekter mittlerer Hitze*** bei geschlossenem Deckel 2 ¾–3 Std. grillen, bis ein Fleischthermometer, an der dicksten Stelle eingestochen, eine Kerntemperatur von knapp 52 °C anzeigt (dann ist das Fleisch medium rare). Prüfen Sie die Kerntemperatur erstmals nach 2 ½ Std und halten Sie die Hitze im Grill kontinuierlich zwischen 175 und 190 °C.

6. Den fertigen Braten vom Grill nehmen, locker mit Alufolie abdecken und 20–30 Min. nachziehen lassen (die Kerntemperatur erhöht sich in dieser Zeit um weitere 2–5 °C).

7. Mit einem scharfen Messer die Rippen vom Fleisch abtrennen und das Fleisch in 2 cm dicke Scheiben schneiden. Den aufgeschnittenen Braten warm mit der Meerrettichcreme servieren.

FÜR 12–15 PERSONEN

FLANK-STEAK IN THAI-MARINADE

MIT SAMBAL OELEK

ZUBEREITUNGSZEIT: 15 Min.
MARINIERZEIT: 4–24 Std.
GRILLZEIT: 8–10 Min.
SCHÄRFEGRAD: 4/10

Für die Marinade

3 EL frisch gepresster Limettensaft
2 EL Fischsauce
2 EL Speiseöl
1 EL Zucker
1 EL Sambal oelek (Chilipaste)
1 EL rote Currypaste
1 EL geriebener Ingwer
1 EL sehr fein gehackter Knoblauch

1 Flank-Steak (800–1000 g schwer und etwa 2 cm dick)

Für die Sauce

4 EL frisch gepresster Limettensaft
2 EL Sambal oelek
2 EL fein gehackte Korianderblätter
2 TL Zucker
2 TL Fischsauce

1. In einer mittelgroßen Schüssel die Zutaten für die Marinade verrühren. Das Steak in eine Auflaufform aus Glas (etwa 33 x 22 cm) legen, mit der Marinade übergießen und darin wenden. Die Form mit Frischhaltefolie abdecken und das Steak mind. 4 Std. oder bis zu 24 Std. im Kühlschrank marinieren. Anschließend das Fleisch aus der Marinade nehmen und gut abtropfen lassen. Die Marinade weggießen. Das Steak vor dem Grillen 15–30 Min. Raumtemperatur annehmen lassen.

2. Inzwischen den Grill für direkte mittlere Hitze (175–230 °C) vorbereiten.

3. In einer kleinen Schüssel die Zutaten für die Sauce mit 2 TL Wasser verrühren.

4. Den Grillrost mit der Bürste reinigen. Das Steak über ***direkter mittlerer Hitze*** bei geschlossenem Deckel bis zum gewünschten Gargrad grillen, 8–10 Min. für rosa/rot (medium rare), dabei ein- bis zweimal wenden (bei Flammenbildung das Steak vorübergehend über indirekte Hitze legen). Steak vom Grill nehmen und 3–5 Min. ruhen lassen.

5. Das Flank-Steak quer zur Faser in dünne Scheiben schneiden und warm mit der Sauce servieren.

FÜR 4–6 PERSONEN

TIPP!

Als Beilage zu diesem Flank-Steak passen gegrillte grüne Bohnen gut. Dafür eine gelochte Grillpfanne über direkter mittlerer Hitze vorheizen. Die grünen Bohnen mit Öl bepinseln und mit Salz und Pfeffer würzen. Die Bohnen in einer Lage in der heißen Grillpfanne verteilen und 5–7 Min. grillen, bis sie stellenweise gebräunt und knackig-zart sind, dabei gelegentlich wenden.

PIKANTES RINDFLEISCH-SATÉ
MIT KOKOS-ERDNUSSSAUCE

ZUBEREITUNGSZEIT: 30 Min.
MARINIERZEIT: 1–4 Std.
GRILLZEIT: etwa 4 Min.
ZUBEHÖR: Metall- oder Holzspieße (Holzspieße mind. 30 Min. wässern)
SCHÄRFEGRAD: 7/10

Für die Marinade
1 große Schalotte, grob gewürfelt
4 Thai-Chilischoten, entkernt und grob gehackt, oder 3 EL scharfe Chili-Knoblauch-Sauce (z. B.Sriracha)
2 EL dunkler Muscovadozucker
2 EL Erdnuss- oder Rapsöl
1 Stück (2 ½ cm) Ingwer, geschält, grob gehackt
1 EL Madras-Currypulver
4 mittelgroße Knoblauchzehen, geschält
2 TL fein geriebene Bio-Limettenschale
1 TL Fischsauce

1 Flank-Steak (etwa 500 g schwer und 2 cm dick)
½ TL grobes Meersalz

Für die Sauce
185 ml ungesüßte Kokosmilch
130 g stückige Erdnusscreme
2 EL dunkler Muscovadozucker
2 EL frisch gepresster Limettensaft
1 EL Fischsauce
1 TL rote Chilipaste
¾ TL rote Currypaste
¼ TL rote Chiliflocken

1. Die Zutaten für die Marinade mit 2 EL Wasser in der Küchenmaschine oder im Mixer pürieren.

2. Das Flank-Steak quer zur Faser in 1 ¼ cm breite und 10–15 cm lange Stücke schneiden. Die Steakstreifen in eine Schüssel geben, mit der Marinade übergießen und darin wenden. Die Schüssel mit Frischhaltefolie abdecken und das Fleisch mind. 1 Std. oder bis zu 4 Std. im Kühlschrank marinieren.

3. Den Grill für direkte mittlere Hitze (175–230 °C) vorbereiten.

4. In einem mittelgroßen Topf die Zutaten für die Sauce verrühren (die Sauce wird erst erhitzt, wenn die Steakstreifen gegrillt sind).

5. Steakstreifen aus der Marinade nehmen; die Marinade weggießen. Das Fleisch wellenförmig auf Spieße stecken und salzen. Den Grillrost mit der Bürste reinigen. Die Spieße über ***direkte mittlere Hitze*** legen und bei geschlossenem Deckel bis zum gewünschten Gargrad grillen, etwa 4 Min. für rosa/rot (medium rare), dabei einmal wenden. Vom Grill nehmen und ruhen lassen, während Sie die Sauce fertigstellen.

6. Die Sauce auf dem Herd auf mittlerer Stufe zum Köcheln bringen und unter häufigem Schlagen mit einem Schneebesen 2–3 Min. köcheln lassen, bis sie leicht dicklich ist. Vom Herd nehmen.

7. Die Saté-Spieße warm mit der Kokos-Erdnusssauce servieren.

FÜR 4–6 PERSONEN ALS VORSPEISE

PFEFFER-SKIRT-STEAKS

MIT YAMBOHNEN-ORANGEN-RELISH

ZUBEREITUNGSZEIT: 20 Min.
MATINIERZEIT: 4–6 Std.
GRILLZEIT: 4–6 Min.
SCHÄRFEGRAD: 5/10

Für die Marinade

Saft von 2 Orangen (ca. 160–200 ml)
1 große Jalapeño-Chilischote, mit den Kernen sehr fein gehackt
2 EL Olivenöl
1 EL frisch gepresster Limettensaft
4 Knoblauchzehen, fein gehackt
1 TL gemahlener schwarzer Pfeffer
1 TL grobes Meersalz
1 TL Tabasco

700 g Skirt-Steak (Saumfleisch), etwa 2 cm dick, überschüssiges Fett auf der Oberfläche entfernt, in 25 cm lange Stücke geschnitten

Für das Relish

2 Orangen, geschält, entkernt, in knapp 1 cm große Würfel geschnitten
225 g Yambohnen (mexikanisches Wurzelgemüse), geschält, in knapp 1 cm große Würfel geschnitten
5 EL grob gehackte glatte Petersilienblätter
1 EL Olivenöl
2 TL frisch gepresster Limettensaft
¼ TL grobes Meersalz
¼ TL gemahlener schwarzer Pfeffer

1. Die Zutaten für die Marinade in einer großen Schüssel verrühren. Die Steaks einlegen und gleichmäßig mit Marinade überziehen. Das Fleisch zugedeckt 4–6 Std. kalt stellen; während dieser Zeit gelegentlich wenden.

2. Den Grill für direkte starke Hitze (230–290 °C) vorbereiten.

3. Die Relish-Zutaten in einer kleinen Schüssel vermengen und bis kurz vor dem Servieren im Kühlschrank kalt stellen.

4. Den Grillrost mit der Bürste reinigen. Die Steaks aus der Marinade nehmen und überschüssige Marinade abtropfen lassen. Die Marinade weggießen. Das Fleisch über ***direkter starker Hitze*** bei geschlossenem Deckel bis zum gewünschten Gargrad grillen, etwa 4–6 Min. für rosa/rot (medium rare), dabei ein- bis zweimal wenden. Vom Grill nehmen und 3–5 Min. ruhen lassen.

5. Die Steaks quer zur Faser dünn aufschneiden und warm mit dem kalten Relish servieren. Als Beilage passen die Kartoffeln mit scharfer Aïoli (siehe Seite 129) gut.

FÜR 4 PERSONEN

THAILÄNDISCHER RINDFLEISCHSALAT
MIT CASHEWNÜSSEN

ZUBEREITUNGSZEIT: 20 Min.
MARINIERZEIT: 30–60 Min.
GRILLZEIT: 4–6 Min.
SCHÄRFEGRAD: 6/10

Für die Marinade

2 EL Rapsöl
2 EL sehr fein gehackter Knoblauch
2 EL scharfe Chili-Knoblauch-Sauce (z. B. Sriracha)
1 EL Fischsauce

500 g Skirt-Steak (Saumfleisch), gut 1 cm dick, überschüssiges Fett auf der Oberfläche entfernt, in drei 20 cm lange Stücke geschnitten

Für das Dressing

4 EL frisch gepresster Limettensaft
2–4 Thai-Chilischoten, entkernt und fein gehackt, oder ¾–1 TL thailändische rote Currypaste
2 EL plus 1 TL Zucker
2 EL Fischsauce

Für den Salat

200 g gemischte zarte Salatblätter
1 Salatgurke, längs halbiert und quer in feine Scheiben geschnitten
1 rote Paprikaschote, geputzt, in feine Streifen geschnitten
½ mittelgroße rote Zwiebel, längs halbiert und in feine Streifen geschnitten
80 g geröstete, leicht gesalzene Cashewkerne, gehackt
je ⅓ Bund Koriandergrün und Minze, die Blätter grob gehackt

1. Die Zutaten für die Marinade in einer mittelgroßen Schüssel verrühren. Die Steaks einlegen und gleichmäßig in der Marinade wenden. Vor dem Grillen 30–60 Min. zugedeckt bei Raumtemperatur marinieren.

2. Den Grill für direkte starke Hitze (230–290 °C) vorbereiten.

3. In einer kleinen Schüssel die Dressingzutaten verquirlen. In einer großen Schüssel die Zutaten für den Salat mischen.

4. Den Grillrost mit der Bürste reinigen. Die Steaks über ***direkter starker Hitze*** bei geschlossenem Deckel bis zum gewünschten Gargrad grillen, 4–6 Min. für rosa/rot (medium rare), dabei ein- bis zweimal wenden (bei Flammenbildung das Fleisch vorübergehend über indirekte Hitze legen). Steaks vom Grill nehmen und 3–5 Min. ruhen lassen

5. Inzwischen den Salat mit dem Dressing anmachen und auf vier Teller verteilen. Die Steaks quer zur Faser dünn aufschneiden, die Steakscheiben auf dem Salat anrichten und sofort servieren.

FÜR 4 PERSONEN

WÜRZIGE LAMMKEULE
MIT SAUERKIRSCH-CHUTNEY

ZUBEREITUNGSZEIT: 10 Min., plus etwa 40 Min. für das Chutney
GRILLZEIT: 30–45 Min.
SCHÄRFEGRAD: 6/10

Für das Chutney
2 EL Olivenöl
2 große Schalotten, fein gewürfelt
1 EL geriebener Ingwer
1 EL sehr fein gehackter Knoblauch
1 TL gemahlener Kreuzkümmel
1 TL gemahlener Koriander
¾ TL rote Chiliflocken
¼ TL Zimtpulver
300 g getrocknete Sauerkirschen
250 ml Rotweinessig
170 g Zucker
½ TL grobes Meersalz

Für die Würzmischung
1 EL gemahlener Kreuzkümmel
1 EL grobes Meersalz
2 TL gemahlener Koriander
1 TL fein geriebener Ingwer
1 TL Knoblauchpulver
1 TL getrockneter Oregano
1 TL Cayennepfeffer
¾ TL Zimtpulver

1 ¼ –1 ½ kg ausgelöste Lammkeule, flach zugeschnitten (Schmetterlingsschnitt), überschüssiges Fett entfernt
Olivenöl

1. Für das Chutney in einem mittelgroßen Topf das Öl auf mittlerer Stufe erhitzen. Schalotten, Ingwer und Knoblauch darin unter gelegentlichem Rühren etwa 2 Min. andünsten, bis die Schalotten weich werden. Kreuzkümmel, Koriander, Chiliflocken und Zimt zufügen und etwa 30 Sek. unter Rühren anschwitzen, bis sie aromatisch duften. Sauerkirschen, Essig und Zucker einrühren und die Mischung auf mittlerer bis hoher Stufe zum Kochen bringen. Die Hitze wieder auf mittlere Stufe stellen und das Chutney unter gelegentlichem Rühren in 30–35 Min. dicklich einköcheln lassen. Vom Herd nehmen und salzen.

2. In einer kleinen Schüssel die Zutaten für die Würzmischung vermengen. Das Lammfleisch von allen Seiten mit Öl bestreichen und gleichmäßig mit der Würzmischung bestreuen. Vor dem Grillen 30 Min. Raumtemperatur annehmen lassen.

3. Inzwischen den Grill für direkte und indirekte mittlere Hitze (175–230 °C) vorbereiten.

4. Den Grillrost mit der Bürste reinigen. Das Lammfleisch, zunächst mit der Fettseite nach oben, über ***direkte mittlere Hitze*** legen und bei geschlossenem Deckel 10–15 Min. anbraten, dabei ein- bis zweimal wenden, bis es auf beiden Seiten schön gebräunt ist. Das Fleisch anschließend über ***indirekte mittlere Hitze*** legen und bei geschlossenem Deckel bis zum gewünschten Gargrad weitergrillen, 20–30 Min. für rosa/rot (medium rare). Vom Grill nehmen und 5–10 Min. ruhen lassen.

5. Das Lammfleisch quer zur Faser in 1 cm dicke Scheiben schneiden und warm mit dem Chutney servieren.

FÜR 6–8 PERSONEN

LAMMSPIESSCHEN
MIT ARABISCHEM DIP

ZUBEREITUNGSZEIT: 30 Min.
MARINIERZEIT: 4–24 Std.
GRILLZEIT: 20–25 Min.
ZUBEHÖR: 6 Metall- oder Holzspieße (Holzspieße mind. 30 Min. wässern)
SCHÄRFEGRAD: 10/10

60 ml Olivenöl
2 EL frisch gepresster Zitronensaft
3 große Knoblauchzehen, sehr fein gehackt
2 ½ TL grobes Meersalz
1 TL gemahlener schwarzer Pfeffer
1 TL gemahlener Kreuzkümmel
½ TL gemahlener Koriander
½ TL Cayennepfeffer
½ TL Zimtpulver
¼ TL geriebene Muskatnuss
¼ TL gemahlene Nelken
1 ¼ kg ausgelöste Lammkeule, überschüssiges Fett entfernt, in 4 cm große Würfel geschnitten

Für den Dip
1 mittelgroße grüne Paprikaschote
1 Bund Koriandergrün, Blätter samt zarten Stielen abgezupft
1 Bund glatte Petersilie, Blätter samt zarten Stielen abgezupft
6 grüne Thai-Chilischoten, Stiel und Kerne entfernt
1 EL frisch gepresster Zitronensaft
2 große Knoblauchzehen, sehr fein gehackt
3 EL Olivenöl

1. Das Öl mit Zitronensaft, Knoblauch, 2 TL Salz, ½ TL schwarzem Pfeffer, ½ TL Kreuzkümmel, Koriander, Cayennepfeffer, Zimt, Muskatnuss und Nelken zu einer Marinade verrühren. Die Fleischwürfel in einen großen, wiederverschließbaren Plastikbeutel geben und die Marinade dazugießen. Die Luft aus dem Beutel streichen, den Beutel fest verschließen und mehrmals wenden, damit sich die Marinade gleichmäßig verteilt. In einer Schüssel mind. 4 Std. oder bis zu 24 Std. kalt stellen.

2. Den Grill für direkte mittlere bis starke Hitze (200–260 °C) vorbereiten.

3. Den Grillrost mit der Bürste reinigen. Die Paprikaschote über ***direkter mittlerer bis starker Hitze*** bei geschlossenem Deckel 12–15 Min. grillen, dabei mehrmals wenden, bis die Haut der Paprika stellenweise verkohlt ist und Blasen wirft. In einer mit Frischhaltefolie abgedeckten Schüssel 10 Min. ausdampfen lassen. Die verkohlte Haut, Stielansatz, Trennwände und Kerne der Schote entfernen. Bis auf das Öl das Paprikafruchtfleisch mit den restlichen Dipzutaten und je ½ TL Salz, Pfeffer und Kreuzkümmel in der Küchenmaschine kurz durchmixen. Esslöffelweise das Öl untermixen, bis der Dip dick und stückig ist.

4. Das Fleisch aus der Marinade nehmen (die Marinade weggießen) und vor dem Grillen 15 bis 30 Min. Raumtemperatur annehmen lassen. Dann die Fleischwürfel auf die Spieße stecken (je Spieß etwa 4 Würfel). Den Grillrost mit der Bürste reinigen. Die Lammspieße über ***direkter mittlerer bis starker Hitze*** bei geschlossenem Deckel bis zum gewünschten Gargrad des Fleisches grillen, 8 bis 10 Min. für rosa/rot (medium rare), dabei ein- bis zweimal wenden. Warm mit dem Dip servieren.

FÜR 4–6 PERSONEN

CHILI-LAMMSPIESSE
MIT SCHARFER TOMATENSAUCE

ZUBEREITUNGSZEIT: 15 Min., plus etwa 20 Min. für die Sauce
MARINIERZEIT: 1 Std.
GRILLZEIT: 8–10 Min.
ZUBEHÖR: 6 Metall- oder Holzspieße (Holzspieße mind. 30 Min. wässern)
SCHÄRFEGRAD: 6/10

Für die Würzpaste

4 EL Öl
2 EL Chilipulver (Gewürzmischung)
2 EL gemahlener Kreuzkümmel
4 TL grobes Meersalz
2 TL Knoblauchpulver
2 TL Zwiebelpulver

1 ¼ kg ausgelöste Lammkeule, überschüssiges Fett entfernt, in 4 cm große Würfel geschnitten

Für die Sauce

1 EL Öl
1 mittelgroße Zwiebel, fein gewürfelt
½ TL sehr fein gehackter Knoblauch
1 Dose (400 g Inhalt) gewürfelte Tomaten
½ TL gemahlener Kreuzkümmel
½ TL Chilipulver (Gewürzmischung)
1 TL Zucker
1 TL Tomatenmark
½ Chipotle-Chilischote in Adobo-Sauce (TexMex-Regal)
½ TL grobes Meersalz
¼ TL getrockneter Thymian
¼ TL getrockneter Oregano

1. In einer großen Schüssel die Zutaten für die Würzpaste verrühren. Die Lammfleischwürfel in die Schüssel geben und gleichmäßig mit der Paste vermischen. Mit Frischhaltefolie abgedeckt 1 Std. kalt stellen. Inzwischen die Sauce zubereiten.

2. Das Öl in einer großen Pfanne auf mittlerer bis hoher Stufe erhitzen. Die Zwiebelwürfel darin in etwa 4 Min. weich dünsten und gelegentlich umrühren. Den Knoblauch zufügen und 1 Min. mitdünsten, dann Tomaten, Kreuzkümmel und Chilipulver einrühren. Aufkochen lassen, dann die Hitze reduzieren, sodass alles nur noch sanft köchelt, und die restlichen Saucenzutaten unterrühren. Unter gelegentlichem Rühren 10–15 Min. köcheln lassen, bis kaum noch Flüssigkeit in der Pfanne ist, anschließend die Sauce in der Küchenmaschine glatt pürieren. Die Sauce zurück in die Pfanne geben und beiseitestellen.

3. Vor dem Grillen das Lammfleisch 15–30 Min. Raumtemperatur annehmen lassen.

4. Inzwischen den Grill für direkte starke Hitze (230–290 °C) vorbereiten.

5. Die Fleischwürfel mit etwas Abstand zueinander auf die Spieße stecken (pro Spieß etwa 4 Würfel). Den Grillrost mit der Bürste reinigen. Die Lammspieße über ***direkter starker Hitze*** bei geschlossenem Deckel bis zum gewünschten Gargrad des Fleisches grillen, 8–10 Min. für rosa/rot (medium rare), dabei einmal wenden. In dieser Zeit die Sauce auf kleiner Stufe aufwärmen. Die Lammspieße heiß mit der Sauce servieren.

FÜR 4–6 PERSONEN

MERGUEZ-HACKBÄLLCHEN IM PITA-BROT

MIT JOGHURTSAUCE

ZUBEREITUNGSZEIT: 40 Min.
KÜHLZEIT: 2–4 Std.
GRILLZEIT: 8–10 Min.
ZUBEHÖR: Gewürzmühle oder Mörser
SCHÄRFEGRAD: 8/10

Für die Hackbällchen

2 TL Kreuzkümmelsamen
1 TL Fenchelsamen
1 TL Koriandersamen
1 kg Lammhackfleisch aus der Schulter
5 EL Harissa (nordafrikanische scharfe Würzpaste)
1 EL sehr fein gehackter Knoblauch
1½ TL grobes Meersalz
1 TL Cayennepfeffer

Für die Sauce

500 g griechischer Vollmilchjoghurt
4 EL frisch gepresster Zitronensaft
2 EL fein gehackte Minzeblätter
2 TL sehr fein gehackter Knoblauch
½ TL grobes Meersalz

Olivenöl
6–8 Pita-Brote zum Füllen
500 g Cocktailtomaten, halbiert
1 Bund Minze, die Blätter grob gehackt
1 Bund Koriandergrün, die Blätter grob gehackt

1. Kreuzkümmel-, Fenchel- und Koriandersamen in einer kleinen Pfanne auf mittlerer Stufe ohne Fett etwa 1 Min. rösten, bis sie aromatisch duften. Die Pfanne dabei ständig rütteln, damit die Samen nicht verbrennen. Die gerösteten Samen etwas abkühlen lasssen, dann in einer Gewürzmühle oder im Mörser fein mahlen bzw. zerstoßen.

2. In einer großen Schüssel das Hackfleisch mit den gerösteten Gewürzen und den restlichen Zutaten für die Hackbällchen vermengen. Dafür eine Gabel verwenden, das Fleisch aber nicht zu lange bearbeiten, sonst werden die Bällchen beim Grillen hart. Mit angefeuchteten Händen aus der Hackfleischmasse 36–48 (je nach Anzahl der Personen) gleich große Bällchen von etwa 4 cm Durchmesser formen und die Bällchen etwas flach drücken. Die Hackbällchen auf ein Backblech mit hohem Rand setzen, mit Frischhaltefolie abdecken und 2–4 Std. kalt stellen.

3. Den Grill für direkte mittlere Hitze (175–230 °C) vorbereiten.

4. In einer kleinen Schüssel die Zutaten für die Sauce verrühren. Bis zum Servieren kalt stellen.

5. Den Grillrost mit der Bürste reinigen. Die Hackbällchen aus dem Kühlschrank nehmen und rundum dünn mit Öl bestreichen. Die Bällchen über ***direkter mittlerer Hitze*** bei geschlossenem Deckel 8–10 Min. grillen, dabei gelegentlich wenden, bis sie durchgegart sind. Während der letzten 1 bis 2 Min. die Pita-Brote über direkter Hitze auf beiden Seiten rösten.

6. Die Pita-Brote quer halbieren und die Hälften mit je 3 Hackbällchen füllen. Darauf jeweils Joghurtsauce, Tomaten und Kräuter geben und die gefüllten Brote sofort servieren.

FÜR 6–8 PERSONEN

LAMM IN CURRY-INGWER-MARINADE

MIT JOGHURTSAUCE

ZUBEREITUNGSZEIT: 20 Min.
MARINIERZEIT: 2–4 Std.
GRILLZEIT: 8–10 Min.
SCHÄRFEGRAD: 3/10

Für die Sauce

125 g griechischer Vollmilchjoghurt
1 EL fein gehackte Korianderblätter
2 TL frisch gepresster Limettensaft
1 TL chinesische Chili-Knoblauch-Sauce
½ kleine Knoblauchzehe, sehr fein gehackt
¼ TL grobes Meersalz
1 Msp. Garam Masala

Für die Marinade

3 EL frisch gepresster Limettensaft
2 EL fein geriebener Ingwer
2 EL Olivenöl
2 TL Madras-Currypulver
1 TL geräuchertes Paprikapulver
1 TL gemahlene Kurkuma
1 TL Cayennepfeffer
1 TL grobes Meersalz
1 TL gemahlener schwarzer Pfeffer

8 Lammkoteletts (aus der Lende), je etwa 4 cm dick, überschüssiges Fett entfernt

1. In einer kleinen Schüssel die Zutaten für die Sauce mit einem Schneebesen verrühren. Mit Frischhaltefolie abdecken und kalt stellen. 30 Min. vor dem Servieren aus dem Kühlschrank nehmen.

2. In einer zweiten kleinen Schüssel die Zutaten für die Marinade verquirlen. Die Koteletts in eine große Auflaufform aus Glas geben, mit der Marinade übergießen und darin wenden. Mit Frischhaltefolie abgedeckt mind. 2 Std. oder bis zu 4 Std. im Kühlschrank marinieren. Die Koteletts 15–30 Min. vor dem Grillen Raumtemperatur annehmen lassen.

3. Den Grill für direkte mittlere Hitze (175–230 °C) vorbereiten.

4. Koteletts aus der Marinade nehmen und die Marinade weggießen. Den Grillrost mit der Bürste reinigen. Die Koteletts über ***direkter mittlerer Hitze*** bei geschlossenem Deckel bis zum gewünschten Gargrad grillen, 8–10 Min. für rosa/rot (medium rare), dabei nur einmal wenden. Koteletts vom Grill nehmen und 3–5 Min. nachziehen lassen. Warm mit der leicht kühlen Joghurtsauce servieren.

FÜR 4 PERSONEN

MARINIERTE LAMMKARREES
MIT RHABARBER-MEERRETTICH-CHUTNEY

ZUBEREITUNGSZEIT: 40 Min.
MARINIERZEIT: 4–12 Std.
GRILLZEIT: 20–27 Min.
SCHÄRFEGRAD: 5/10

Für die Würzpaste

180 g griechischer Vollmilchjoghurt
Saft von ½ Limette
1 TL Cayennepfeffer
1 TL Paprikapulver
1 TL gemahlene Kurkuma
1 TL gemahlener Kreuzkümmel
1 TL gemahlener Kardamom
1 TL gemahlener schwarzer Pfeffer
je ½ TL Senf- und Zimtpulver

grobes Meersalz
2 Lammkarrees (jeweils mit 8 Rippen), je 800–900 g, Rippenknochen sauber abgeschabt, pariert

Für das Chutney

500 g Rhabarber (etwa 4 große Stangen), geputzt, in 1 cm große Stücke geschnitten
150 g Zucker
1 mittelgroße rote Zwiebel, fein gewürfelt
70 g Sultaninen oder getrocknete entsteinte Kirschen
4 EL Rotweinessig
fein abgeriebene Schale und Saft von ½ Bio-Orange
1 kleine Thai-Chilischote, fein gehackt
1 EL geriebener Ingwer
2 EL Meerrettich (Glas)
3 EL gehackte Minzeblätter

1. Die Zutaten für die Würzpaste mit 1 TL Salz in einer kleinen Schüssel verrühren.

2. Die Fettauflage der Lammkarrees bis auf 3 mm entfernen. Das Lammfleisch auf beiden Seiten vollständig mit der Würzpaste bedecken, die Rippenknochen dabei frei lassen. Die Karrees nebeninander in eine flache Form legen und mit Frischhaltefolie abgedeckt mind. 4 Std. oder bis zu 12 Std. im Kühlschrank marinieren. Vor dem Grillen etwa 30 Min. Raumtemperatur annehmen lassen.

3. Den Grill für direkte und indirekte mittlere Hitze (175–230 °C) vorbereiten.

4. In einem mittelgroßen Topf die Hälfte des Rhabarbers mit Zucker, Zwiebel, Sultaninen oder Kirschen, Essig, Orangenschale und -saft, Chilischote, Ingwer und ½ TL Salz vermischen und auf hoher Stufe zum Kochen bringen. Anschließend die Hitze auf mittlere Stufe stellen und die Mischung etwa 5 Min. köcheln lassen, bis die Rhabarberstücke weich zu werden beginnen. Den übrigen Rhabarber dazugeben, die Hitze auf mittelschwach redu-

Damit die Rippenknochen auf dem Grill nicht verbrennen, legen Sie ein Stück Alufolie unter sie (aber nicht unter das Fleisch), während das Karree über direkter Hitze liegt.

zieren und die Mischung 8–10 Min. weiterköcheln lassen, bis sie leicht eindickt und die Rhabarberstücke weich, aber noch nicht zerfallen sind. Den Topf vom Herd nehmen und den Meerrettich unterrühren. Bis zu 2 Std. bei Raumtemperatur aufbewahren oder bis zu 4 Tage im Kühlschrank. Erst kurz vor dem Servieren aufwärmen und die Minze einrühren.

5. Den Grillrost mit der Bürste reinigen. Die Lammkarrees über ***direkter mittlerer Hitze*** bei geschlossenem Deckel 10–12 Min. grillen, dabei ein- bis zweimal wenden (beim Wenden Flammenbildung vermeiden!), bis das Fleisch rundum gebräunt ist. Die Karrees anschließend über ***indirekte mittlere Hitze*** ziehen und weitergrillen, bis das Lammfleisch den gewünschten Gargrad erreicht hat, 10–15 Min. für rosa/rot (medium rare). Vom Grill nehmen und das Fleisch 5–10 Min. nachziehen lassen.

6. Die Lammkarrees auf einem Schneidebrett jeweils zwischen den Rippenknochen in einzelne Koteletts schneiden, dabei den austretenden Fleischsaft auffangen. Jeweils 2 Stielkoteletts auf einem Teller anrichten und mit dem aufgefangenen Fleischsaft beträufeln. Neben die Koteletts etwas Chutney löffeln und sofort servieren.

FÜR 4 PERSONEN

KORIANDERBURGER
MIT PIKANTEM KRAUTSALAT

ZUBEREITUNGSZEIT: 20 Min.
GRILLZEIT: 10–12 Min.
SCHÄRFEGRAD: 4/10

Für den Krautsalat

300 g Weißkohl, fein gehobelt
2 Möhren, geraspelt
1 kleine rote Zwiebel, in sehr dünne Streifen geschnitten
5 EL Mayonnaise
1 EL frisch gepresster Limettensaft
2 TL Zucker
¾ TL Chipotle-Chilipulver
½ TL Ancho-Chilipulver
¼ TL grobes Meersalz
¼ TL gemahlener schwarzer Pfeffer

Für die Pattys

700 g mageres Schweinehackfleisch
5 EL grob gehackte Korianderblätter
1 EL frisch gepresster Limettensaft
1 TL grobes Meersalz
½ TL gemahlener schwarzer Pfeffer
¼ TL gemahlener Kreuzkümmel

4 Burger-Brötchen, aufgeschnitten

1. In einer großen Schüssel die Zutaten für den Krautsalat vermischen. Bis zum Servieren abgedeckt kalt stellen.

2. Den Grill für direkte mittlere Hitze (175–230 °C) vorbereiten.

3. In einer zweiten großen Schüssel das Hackfleisch mit den restlichen Patty-Zutaten vermengen. Mit angefeuchteten Händen aus der Hackfleischmasse 4 möglichst gleich große, lockere, etwa 2 cm dicke Pattys formen. Das Fleisch dabei nicht zu stark zusammendrücken oder kneten, sonst werden die Pattys beim Grillen hart. Mit dem Daumen oder Rücken eines Teelöffels in die Mitte der Pattys eine flache, etwa 2 ½ cm breite Vertiefung drücken. Dadurch wölben sie sich während des Grillens nicht und garen gleichmäßig.

4. Den Grillrost mit der Bürste reinigen. Die Pattys über ***direkter mittlerer Hitze*** bei geschlossenem Deckel 10–12 Min. grillen, bis sie fest und durchgegart, aber noch saftig sind, dabei einmal wenden, sobald sie sich leicht vom Rost lösen lassen, ohne haften zu bleiben (bei Flammenbildung die Pattys vorübergehend über indirekte Hitze legen). Während der letzten Grillminute die Burger-Brötchenhälften mit den Schnittflächen nach unten über direkter Hitze rösten.

5. In den Burger-Brötchen jeweils 1 Patty mit etwa Krautsalat obendrauf anrichten und die Burger sofort servieren.

FÜR 4 PERSONEN

MINI-BURGER
MIT SCHARFER TOMATENSAUCE

ZUBEREITUNGSZEIT: 1 Std.
KÜHLZEIT: 2 Std.
GRILLZEIT: 8–10 Min.
SCHÄRFEGRAD: 8/10

Für die Hackbällchen
2 EL Ricotta
1 Ei (Größe L)
700 g mageres Schweinehackfleisch (vorzugsweise aus der Schulter)
70 g eingelegte scharfe ungarische Kirschpaprika oder Peperoncini di Calabria, abgetropft, sehr fein gehackt
60 g Panko (japanisches Paniermehl)
4 EL fein geriebener Parmesan
4 EL fein gehackte glatte Petersilienblätter
3 Knoblauchzehen, sehr fein gehackt
je 1 TL Paprikapulver, getrockneter Oregano, grobes Meersalz und gemahlener schwarzer Pfeffer
½ TL rote Chiliflocken

Für die Sauce
1 EL Olivenöl
1 mittelgroße Zwiebel, fein gewürfelt
2 mittelgroße Knoblauchzehen, sehr fein gehackt
1 TL rote Chiliflocken
½ TL getrockneter Oregano
1 Dose (800 g Inhalt) gewürfelte Tomaten
2 EL Tomatenmark
1 TL grobes Meersalz

Olivenöl
12 Mini-Burger-Brötchen, aufgeschnitten
12 große Basilikumblätter

1. Für die Hackbällchen in einer kleinen Schüssel Ricotta und Ei glatt rühren. Das Hackfleisch mit den restlichen Zutaten für die Bällchen in eine große Schüssel geben. Die Ricottamischung zufügen und alles behutsam mit einer Gabel vermengen. Mit angefeuchteten Händen aus der Hackfleischmasse zwölf Bällchen mit einem Durchmesser von etwa 5 cm formen und die Bällchen etwas flach drücken. Mit Frischhaltefolie abgedeckt 2 Std. kalt stellen.

2. Für die Sauce das Öl in einer großen tiefen Pfanne auf mittlerer Stufe erhitzen. Die Zwiebel darin in etwa 3 Min. weich dünsten, ohne dass sie Farbe annimmt. Knoblauch, Chiliflocken und Oregano unter häufigem Rühren etwa 1 Min. mitdünsten, bis sie aromatisch duften. Tomatenwürfel, Tomatenmark und Salz einrühren und die Sauce im halb verschlossenen Topf 30 Min. köcheln lassen. Vom Herd nehmen und zugedeckt warm halten.

3. Den Grill für direkte mittlere Hitze (175–230 °C) vorbereiten.

4. Den Grillrost mit der Bürste reinigen. Die kalten Fleischbällchen rundum dünn mit Öl bespinseln. Die Schnittflächen der Brötchen dünn einölen. Die Fleischbällchen über ***direkter mittlerer Hitze*** bei geschlossenem Deckel 8–10 Min. grillen, dabei zwei- bis dreimal wenden, bis sie durchgegart sind. Während der letzten 30 Sek. die Brötchen mit den Schnittflächen nach unten über direkter Hitze rösten. Die Bällchen in die Sauce einlegen und alles bei mittelschwacher Hitze durchwärmen. Mit einem Löffel jeweils 1 Fleischbällchen mit etwas Sauce auf die Unterseite der Brötchen setzen und mit 1 Basilikumblatt belegen. Die Brötchenoberseite daraufsetzen und mit einem Zahnstocher fixieren. Sofort servieren.

FÜR 6–12 PERSONEN ALS VORSPEISE

CHILIBURGER
MIT MANGO-SENF

ZUBEREITUNGSZEIT: 20 Min.
KÜHLZEIT: 30 Min.
GRILLZEIT: 10–12 Min.
SCHÄRFEGRAD: 5/10

Für den Senf

1 reife Mango (etwa 250 g)
3 EL scharfer Senf
2 EL Honig
2 TL scharfe Chili-Knoblauch-Sauce (z. B. Sriracha) oder eine andere scharfe Chilisauce

Für die Pattys

700 g mageres Schweinehackfleisch
4 Jalapeño-Chilischoten, entkernt, sehr fein gehackt
3 Frühlingszwiebeln, geputzt, in feine Ringe geschnitten
1 EL getrocknete grüne Pfefferkörner, mit der Klinge eines Messers angedrückt
2 Knoblauchzehen, sehr fein gehackt
½ TL grobes Meersalz
½ TL gemahlener schwarzer Pfeffer

Speiseöl
4 Burger-Brötchen, aufgeschnitten
8 Blätter Kopfsalat

1. Die Mango entkernen. Dafür das Fruchtfleisch mit der Schale der Länge nach am flachen Kern entlang auf beiden Seiten abschneiden, sodass Sie zwei Fruchthälften erhalten. Das Fruchtfleisch in der Schale zuerst längs, dann quer einschneiden, ohne die Schale zu verletzen. Mit einem großen Löffel die Mangowürfel jeweils aus den Schalenhälften heben. Die Mangowürfel mit den restlichen Zutaten für den Senf in der Küchenmaschine glatt pürieren.

2. In einer großen Schüssel die Zutaten für die Pattys vermengen, dabei 4 EL Mango-Senf untermischen. Das Fleisch nicht zu stark zusammendrücken oder kneten, sonst werden die Pattys beim Grillen hart. Mit angefeuchteten Händen aus der Hackfleischmasse vier möglichst gleich große, 2 cm dicke Pattys formen, anschließend mit dem Daumen oder Rücken eines Teelöffels in die Mitte der Pattys eine flache, etwa 2½ cm breite Vertiefung drücken. Dadurch wölben sie sich während des Grillens nicht und garen gleichmäßig. Die Pattys zum Festwerden 30 Min. kalt stellen.

3. Inzwischen den Grill für direkte mittlere Hitze (175–230 °C) vorbereiten.

4. Den Grillrost mit der Bürste reinigen. Die Pattys auf beiden Seiten dünn mit Öl einpinseln und über ***direkter mittlerer Hitze*** bei geschlossenem Deckel 10–12 Min. grillen, bis sie fest und durchgegart sind, dabei einmal wenden (bei Flammenbildung die Pattys vorübergehend über indirekte Hitze legen). Während der letzten Grillminute die Brötchen mit den Schnittflächen nach unten über direkter Hitze rösten.

5. Zwischen den Brötchen jeweils 2 Salatblätter und 1 Patty anrichten und die Burger sofort mit dem restlichen Mango-Senf servieren.

FÜR 4 PERSONEN

SOUFLAKI
MIT GRIECHISCHEM SALAT

ZUBEREITUNGSZEIT: 25 Min.
MARINIERZEIT: 6–8 Std.
GRILLZEIT: 8–10 Min.
ZUBEHÖR: Metall- oder Holzspieße (Holzspieße mind. 30 Min. wässern)
SCHÄRFEGRAD: 2/10 bis 6/10 (abhängig vom Chilipulver in der Marinade)

Für die Marinade

4 EL Olivenöl
2 EL frisch gepresster Zitronensaft
1 TL gemahlener Kreuzkümmel
1 TL getrockneter Oregano
1 TL mildes oder scharfes reines Chilipulver
1 TL grobes Meersalz
¾ TL gemahlener schwarzer Pfeffer

700 g Schweinelende, überschüssiges Fett entfernt, in 2 ½ cm große Würfel geschnitten

Für den Salat

4 EL Olivenöl
1 EL Rotweinessig
300 g Cocktailtomaten, längs in Viertel geschnitten
1 große oder 2 mittelgroße Salatgurken, geschält, entkernt, in gut 1 cm große Würfel geschnitten
120 g Feta, in gut 1 cm große Würfel geschnitten
1 mittelgroße oder 2 kleine Schalotten, längs in Streifen geschnitten

Zitronenspalten

1. In einer kleinen Schüssel die Zutaten für die Marinade verquirlen. Die Fleischwürfel in einen großen, wiederverschließbaren Plastikbeutel geben und die Marinade dazugießen. Die Luft aus dem Beutel streichen und den Beutel fest verschließen. Um die Marinade gleichmäßig zu verteilen, den Beutel drehen und wenden, anschließend auf einen Teller legen und für 6–8 Std. in den Kühlschrank stellen. In dieser Zeit den Beutel gelegentlich wenden.

2. Den Grill für direkte mittlere bis starke Hitze (200–260 °C) vorbereiten.

3. Die Fleischwürfel aus der Marinade nehmen und dicht an dicht zu gleichen Teilen auf Spieße stecken. Die Marinade weggießen.

4. Für den Salat in einer Schüssel das Öl mit dem Essig aufschlagen, bis eine Emulsion entsteht. Restliche Salatzutaten dazugeben, alles durchmischen und den Salat bis zum Servieren kalt stellen.

5. Den Grillrost mit der Bürste reinigen. Die Fleischspieße über ***direkter mittlerer bis starker Hitze*** bei geschlossenem Deckel 8–10 Min. grillen, bis das Fleisch außen gleichmäßig gebräunt, im Kern aber noch leicht rosa ist. Achten Sie darauf, dass in dieser Zeit alle vier Seiten der Fleischwürfel einmal direkt auf dem Grillrost liegen. Den Salat noch einmal abschmecken (sollte der Schafskäse sehr salzig sein, ist wahrscheinlich kein weiteres Salz nötig). Zitronenspalten über den Souflaki ausdrücken und die Spieße warm mit dem kalten Salat servieren.

FÜR 4 PERSONEN

SANDWICH MIT IN BIER GESCHMORTER BRATWURST
UND PIKANTEM ZWIEBEL-RELISH

ZUBEREITUNGSZEIT: 10 Min.,
plus etwa 30 Min. für das Relish
GRILLZEIT: 22–23 Min.
ZUBEHÖR: große Einweg-Aluschale
SCHÄRFEGRAD: 4/10

Für das Relish

2 EL Butter
700 g Zwiebeln, längs halbiert, in feine Scheiben geschnitten
3 EL Zucker
¾ TL grobes Meersalz
1 kleine grüne Paprikaschote, geputzt, fein gewürfelt
1 EL fein gehackter Knoblauch
3 EL Rotweinessig
2 TL fein gehackte Chipotle-Chilischote in Adobo-Sauce (TexMex-Regal)
1 TL Adobo-Sauce (aus der Dose mit den Chilischoten)
1 EL Ketchup

Für die Bratwürste

700 ml Bier
2 EL scharfer Senf
2 EL Zucker
1 TL Kümmel
8 rohe Schweinsbratwürste

8 Baguette-Brötchen, längs aufgeschnitten
scharfer Senf nach Belieben

1. Für das Relish in einer großen Pfanne die Butter auf mittlerer bis hoher Stufe zerlassen. Zwiebeln, Zucker und Salz in die Pfanne geben und die Zwiebeln unter gelegentlichem Rühren etwa 6 Min. dünsten, bis sie etwas weich werden. Paprikawürfel und Knoblauch zufügen und alles weitere 18–20 Min. dünsten, dabei gelegentlich umrühren, bis die Zwiebeln goldgelb sind. Stellen Sie die Hitze kleiner, sollten die Zwiebeln zu bräunen beginnen. Die Zwiebeln mit dem Essig ablöschen und den Essig 30–45 Sek. verdampfen lassen. Chipotle-Chili und Adobo-Sauce unterrühren und 2 Min. garen, dann den Ketchup einrühren und das Relish noch1 Min. weitergaren lassen. Die Pfanne vom Herd nehmen.

2. Den Grill für direkte starke Hitze (230–290 °C) vorbereiten.

3. Den Grillrost mit der Bürste reinigen. In der großen Aluschale das Bier mit Senf, Zucker und Kümmel verrühren. Die Bratwürste in den Biersud legen und die Aluschale über ***direkte starke Hitze*** stellen. Den Sud zum Köcheln bringen und die Würste etwa 20 Min. darin schmoren lassen, bis sie gleichmäßig Farbe angenommen haben und nicht mehr roh sind. Die Würste gelegentlich wenden, den Grilldeckel aber so viel wie möglich geschlossen halten. Die Würste anschließend aus dem Sud heben und über ***direkter starker Hitze*** 2–3 Min. bräunen, dabei ein- bis zweimal wenden. Während der letzten 30–60 Sek. die Baguette-Brötchenhälften mit den Schnittflächen nach unten über direkter Hitze rösten.

4. In jedes Brötchen 1 Bratwurst geben und die Brötchen gleichmäßig mit Zwiebel-Relish füllen. Nach Belieben mit scharfem Senf servieren.

FÜR 8 PERSONEN

SCHWEINEFILETS
MIT GRÜNER CHILISAUCE

ZUBEREITUNGSZEIT: 10 Min.,
plus etwa 25 Min. für die Sauce
MARINATING TIME: 2–4 Std.
GRILLZEIT: 25–35 Min.
SCHÄRFEGRAD: 9/10

Für die Würzmischung
2 TL gemahlener Kreuzkümmel
1 TL grobes Meersalz
1 TL Chipotle-Chilipulver
1 TL gemahlener Koriander
1 TL gemahlener schwarzer Pfeffer
1 TL Zucker
½ TL Cayennepfeffer

2 Schweinefilets (je etwa 500 g), Silberhaut und überschüssiges Fett entfernt
Öl

Für die Sauce
2 große grüne Paprikaschoten
3 grüne Thai-Chilischoten
1 mittelgroße Zwiebel, gewürfelt
2 Knoblauchzehen, sehr fein gehackt
½ TL gemahlener Kreuzkümmel
250 ml salzarme Hühnerbrühe
1 Bund Koriandergrün, Blätter und zarte Stiele grob gehackt
1 TL grobes Meersalz

1. Die Zutaten für die Würzmischung vermengen. Die Schweinefilets rundum dünn mit Öl bepinseln und gleichmäßig mit der Würzmischung bestreuen. Abdecken und 2–4 Std. kalt stellen. Das Fleisch vor dem Grillen 15–30 Min. Raumtemperatur annehmen lassen.

2. Inzwischen den Grill für direkte mittlere Hitze (175–230 °C) vorbereiten.

3. Den Grillrost mit der Bürste reinigen. Paprikaschoten und Chilis über ***direkter mittlerer Hitze*** bei geschlossenem Deckel 10–15 Min. grillen, dabei gelegentlich wenden, bis die Haut der Schoten rundum verkohlt ist und Blasen wirft. Die Schoten vom Grill nehmen und in einer mit Frischhaltefolie abgedeckten Schüssel mind. 10 Min. ausdampfen lassen. Die verkohlte Haut der Schoten abziehen und wegwerfen; Stielansatz und Kerne entfernen und das Fruchtfleisch fein würfeln.

4. In einem mittelgroßen Topf 2 EL Öl auf mittlerer Stufe erhitzen. Darin die Zwiebelwürfel unter gelegentlichem Rühren in etwa 3 Min. weich dünsten, ohne dass sie Farbe annehmen. Knoblauch und Kreuzkümmel zufügen und die Zwiebeln etwa 1 Min. weiterdünsten, bis sie hell goldgelb sind. Mit der Brühe aufgießen und die fein gewürfelten gegrillten Paprikaschoten und Chilis zufügen. Im verschlossenen Topf etwa 15 Min. köcheln lassen. Die Mischung in die Küchenmaschine geben und den Koriander untermixen. Die Sauce zurück in den Topf gießen, mit Salz würzen und warm stellen. Die Schweinefilets über ***direkter mittlerer Hitze*** bei geschlossenem Deckel 15–20 Min. grillen, dabei alle 5 Min. wenden, bis das Fleisch außen gleichmäßig gebräunt, aber im Kern noch leicht rosa ist. Vom Grill nehmen und 3–5 Min. nachziehen lassen. Die Filets in gut 1 cm dicke Scheiben schneiden und warm mit der Chilisauce servieren.

FÜR 4 PERSONEN

SCHWEINEFLEISCH-MANGO-SPIESSE
MIT VIETNAMESISCHEM DIP

ZUBEREITUNGSZEIT: 20 Min.
GRILLZEIT: 8–10 Min.
ZUBEHÖR: 8 Metall- oder Holzspieße (Holzspieße mind. 30 Min. wässern)
SCHÄRFEGRAD: 5/10

Für den Dip

3 EL frisch gepresster Limettensaft
2 EL Fischsauce
2 EL Zucker
1 TL geriebener Ingwer
1 TL scharfe Chili-Knoblauch-Sauce (z. B. Sriracha)

Für die Würzpaste

1 EL Öl
1 TL gemahlener Kreuzkümmel
1 TL grobes Meersalz
½ TL gemahlener Koriander
½ TL Zucker
¼ TL chinesisches Fünf-Gewürze-Pulver
¼ TL Cayennepfeffer

700 g mageres Schweinefleisch aus der Hüfte, in 4 cm große Würfel geschnitten
4 reife Mangos, das Fruchtfleisch in gut 1 cm große Würfel geschnitten
6 Frühlingszwiebeln, nur die weißen und hellgrünen Teile in 2 ½ cm lange Stücke geschnitten

1. In einer kleinen Schüssel die Zutaten für den Dip verrühren.

2. In einer mittelgroßen Schüssel die Zutaten für die Würzpaste mischen. Die Fleischwürfel in die Schüssel geben und gründlich mit der Paste überziehen. Vor dem Grillen 10–15 Min. Raumtemperatur annehmen lassen.

3. Den Grill für direkte starke Hitze (230–290 °C) vorbereiten.

4. Fleisch, Mango und Frühlingszwiebeln mit etwas Abstand zueinander abwechselnd auf die Spieße stecken.

5. Den Grillrost mit der Bürste reinigen. Die Spieße über ***direkter starker Hitze*** bei geschlossenem Deckel 8–10 Min. grillen, bis das Fleisch im Kern noch leicht rosa ist, dabei ein- bis zweimal wenden. Spieße vom Grill nehmen, auf einer Servierplatte anrichten und mit der Hälfte des Dips beträufeln. Warm mit dem übrigen Dip servieren.

FÜR 4 PERSONEN

SCHWEINEFLEISCH VINDALOO
MIT GURKEN-JOGHURT-RAITA

ZUBEREITUNGSZEIT: 20 Min.
MARINIERZEIT: 4–6 Std.
KÜHLZEIT: mind. 1 Std.
GRILLZEIT: 8–10 Min.
ZUBEHÖR: 8 Metall- oder Holzspieße (Holzspieße mind. 30 Min. wässern)
SCHÄRFEGRAD: 6/10

Für die Marinade
1 kleine Zwiebel
3 EL Öl
2 EL Weißweinessig
1 EL fein gehackter Knoblauch
1 EL geriebener Ingwer
1½ TL gemahlener Kreuzkümmel
1 TL Cayennepfeffer
1 TL gemahlener Koriander
1 TL gemahlene Kurkuma
1 TL Zucker
1 TL gemahlener schwarzer Pfeffer
½ TL Zimtpulver

grobes Meersalz
2 Schweinefilets (je etwa 500 g), Silberhaut und überschüssiges Fett entfernt

Für die Raita
½ Salatgurke
250 g griechischer Naturjoghurt (2 % Fett)
2 EL fein gehackte Minzeblätter
1 EL frisch gepresster Zitronensaft
½ TL gemahlener Kreuzkümmel
1 kleine Knoblauchzehe, sehr fein gehackt

1. Für die Marinade die Zwiebel auf der groben Seite einer Vierkantreibe raspeln (ergibt etwa ½ Tasse bzw. 125 ml einschließlich des Safts). Die geriebene Zwiebel mit den anderen Zutaten für die Marinade und 1 TL Salz in einer großen Schüssel vermischen. Die Filets in 4 cm große Würfel schneiden. Die Fleischwürfel in einen großen, wiederverschließbaren Plastikbeutel geben und die Marinade dazugießen. Die Luft aus dem Beutel streichen, den Beutel fest verschließen und mehrmals wenden, bis sich die Marinade gleichmäßig verteilt hat. Den Beutel in eine Schüssel legen und das Fleisch 4–6 Std. im Kühlschrank marinieren.

2. Die Gurke längs halbieren und die Kerne entfernen. Die Hälften auf der groben Seite der Vierkantreibe raspeln. Die Gurkenraspel in einem sauberen Küchentuch fest ausdrücken, anschließend in eine mittelgroße Schüssel geben und mit den restlichen Zutaten für die Raita sowie ½ TL Salz vermischen. Abgedeckt mind. 1 Std. kalt stellen.

3. Die Fleischwürfel 20–30 Min. vor dem Grillen aus dem Kühlschrank und der Marinade nehmen, die Marinade weggießen.

4. Den Grill für direkte mittlere bis starke Hitze (200–260 °C) vorbereiten.

5. Das Fleisch auf die Spieße stecken (pro Spieß etwa 4 Fleischwürfel). Den Grillrost mit der Bürste reinigen. Die Spieße über ***direkter mittlerer bis starker Hitze*** bei geschlossenem Deckel 8–10 Min. grillen, bis das Fleisch im Kern noch leicht rosa ist, dabei ein- bis zweimal wenden. Vom Grill nehmen und die Spieße warm mit der Raita servieren.

FÜR 4–6 PERSONEN

SCHWEINEFLEISCH-YAKITORI

MIT GEGRILLTEN SÜSSKARTOFFELN

ZUBEREITUNGSZEIT: 40 Min.
GRILLZEIT: 10–15 Min.
ZUBEHÖR: 6 Metall- oder Holzspieße (Holzspieße mind. 30 Min. wässern)
SCHÄRFEGRAD: 5/10

Für die Glasur

125 ml Sojasauce
125 ml Mirin (süßer Reiswein)
4 EL Sake (japanischer Reiswein) oder trockener Sherry
2 EL Zucker
3 Knoblauchzehen, grob gehackt
2 rote Thai-Chilischoten, entkernt, grob gehackt
2 Scheiben Ingwer, je etwa ½ cm dick, geschält
1 ½ TL Speisestärke, in 1 EL Wasser angerührt

700 g Schweinelende
Speiseöl
½ TL grobes Meersalz
2 schmale Süßkartoffeln (je etwa 350 g), geschält
8 Frühlingszwiebeln (nur die weißen und hellgrünen Teile verwenden), geputzt
2 EL geröstete Sesamsamen
1 kleine rote Thai-Chilischote, entkernt, sehr fein gehackt

1. In einem Topf die Zutaten für die Glasur außer der Speisestärke auf hoher Stufe unter Rühren aufkochen und in etwa 7 Min. auf die Hälfte einkochen lassen. Die Speisestärke einrühren und die Glasur etwa 30 Sek. weiterkochen, bis sie angedickt ist. (Dabei die Glasur aber nicht zu dunkel werden lassen, sonst schmeckt sie bitter.) Durch ein feines Sieb in eine Schüssel streichen und abkühlen lassen. Reste im Sieb wegwerfen.

2. Die Schweinelende in 16 Streifen (jeweils etwa 10 x 4 cm) schneiden. Auf jeden Spieß wellenförmig 2–3 Fleischstreifen stecken, das Fleisch rundum großzügig mit Öl bepinseln und salzen. Vor dem Grillen 15–30 Min. Raumtemperatur annehmen lassen.

3. Inzwischen den Grill für direkte mittlere bis starke Hitze (200–260 °C) vorbereiten.

4. Die Süßkartoffeln jeweils in 6 Spalten schneiden. In einem großen Topf Wasser auf hoher Stufe zum Kochen bringen, salzen und die Süßkartoffeln darin etwa 5 Min. garen, bis sie knapp weich sind. Süßkartoffeln abgießen, mit kaltem Wasser abbrausen und mit Küchenpapier trockentupfen.

5. Den Grillrost mit der Bürste reinigen. Süßkartoffeln und Frühlingszwiebeln auf allen Seiten mit Öl bespinseln. Fleischspieße, Süßkartoffeln und Frühlingszwiebeln über ***direkter mittlerer bis starker Hitze*** bei geschlossenem Deckel grillen, bis das Fleisch im Kern noch leicht rosa ist, die Süßkartoffeln weich und die Frühlingszwiebeln knackig-zart sind, dabei die Zutaten gelegentlich wenden und Fleisch und Kartoffeln während der letzten 2 Min. mit etwas Glasur bestreichen. Fleisch und Kartoffeln brauchen 10–15 Min., die Frühlingszwiebeln 2–3 Min. Fertige Zutaten vom Grill nehmen.

6. Fleischspieße, Süßkartoffeln und Frühlingszwiebeln mit übriger Glasur beträufeln und mit Sesamsamen und fein gehackter Chili bestreut warm servieren.

FÜR 4 PERSONEN

KNUSPRIGES SCHWEINE-FLEISCH IN SALATBLÄTTERN

MIT ZWEIERLEI SAUCEN

ZUBEREITUNGSZEIT: 30 Min.
MARINIERZEIT: 6–24 Std.
GRILLZEIT: 4–5 Std.
ZUBEHÖR: große Einweg-Aluschale, Fleischthermometer
SCHÄRFEGRAD: 7/10

8 EL Zucker
8 EL grobes Meersalz
1 ½ kg ausgelöster Schweineschulterbraten, überschüssiges Fett entfernt

Für die Frühlingszwiebel-Ingwer-Sauce

8 Frühlingszwiebeln, nur die weißen und hellgrünen Teile geputzt und in feine Ringe geschnitten
3 EL Traubenkernöl
2 EL geriebener Ingwer
2 TL Sojasauce
1 TL Reisessig
¼ TL Zucker

Für die Chilisauce

4 EL frisch gepresster Limettensaft
4 EL Traubenkernöl
2 EL chilischarfe schwarze Bohnensauce (z. B. Lao Gan Ma)
1–2 EL scharfe Chili-Knoblauch-Sauce (z. B. Sriracha)

60 g brauner Zucker
1 TL grobes Meersalz
700 g gegarter warmer Basmatireis (entspricht etwa 280 g rohem Reis)
große Blätter von Romanasalatherzen oder Kopfsalat

1. Zucker und Salz mischen, den Braten rundum damit einreiben und in einer mit Frischhaltefolie abgedeckten Schüssel 6–24 Std. kalt stellen. Vor dem Grillen 1 Std. Raumtemperatur annehmen lassen. In einer kleinen Schüssel die Zutaten für die Frühlingszwiebel-Ingwer-Sauce, in einer zweiten kleinen Schüssel die Zutaten für die Chilisauce verrühren. Die Schüsseln abdecken und bis zum Servieren kalt stellen.

2. Den Grill für indirekte mittlere bis schwache Hitze (150–200 °C) vorbereiten.

3. Das Fleisch aus der Schüssel nehmen (den angesammelten Fleischsaft weggießen) und in der große Aluschale über ***indirekter mittlerer bis schwacher Hitze*** bei geschlossenem Deckel 4–5 Std. grillen, dabei jede Stunde mit dem angesammelten Bratensaft bestreichen, bis ein Fleischthermometer, an der dicksten Stelle eingestochen, eine Kerntemperatur von 90–93 °C anzeigt. Den Braten in der Schale vom Grill nehmen, mit Alufolie abdecken und etwa 20 Min. nachziehen lassen.

4. Die Grilltemperatur auf starke Hitze (230 bis 290 °C) erhöhen. Das Fleisch in der Aluschale mit zwei Gabeln fein zerteilen, dabei größere Fettstücke entfernen, und mit dem Bratensaft vermischen. Mit braunem Zucker und Salz würzen. Die Schale über ***indirekte starkerHitze*** stellen und das Fleisch bei geschlossenem Deckel 5–10 Min. braun und knusprig werden lassen, dabei gelegentlich umrühren. In die Salatblätter jeweils etwas warmen Reis und Fleisch geben und mit beiden Saucen beträufeln. Die Blätter aufrollen und sofort servieren. Dazu schmeckt gut der pikant angemachte Chinakohlsalat mit Rettich und Möhre (siehe Seite 125).

FÜR 6 PERSONEN, FÜR 12 PERSONEN ALS VORSPEISE

LANGSAM GEGRILLTE SCHWEINEFLEISCH-CARNITAS

AUS DEM HICKORYRAUCH

ZUBEREITUNGSZEIT: 20 Min.
GRILLZEIT: 7–8 Std.
ZUBEHÖR: 4 Handvoll Hickoryholz-Chips (mind. 30 Min. gewässert), Fleischthermometer
SCHÄRFEGRAD: 5/10

Für die Würzmischung

2 TL Ancho-Chilipulver
2 TL gemahlener Kreuzkümmel
2 TL gemahlener Koriander
2 TL Zucker
2 TL Cayennepfeffer
1 TL gemahlener schwarzer Pfeffer

grobes Meersalz
2 ½–3 kg Schweineschulterbraten am Knochen, überschüssiges Fett entfernt

Für die Würzsauce

4 Chipotle-Chilischoten in Adobo-Sauce (TexMex-Regal)
250 ml mexikanisches Bier
125 ml frisch gespresster Orangensaft
2 EL Olivenöl
2 EL Apfelessig
2 EL Vollrohrzucker
1 TL Tabasco

18 Mais- oder Weizentortillas (15 cm Ø)
Guacamole nach Geschmack
Tomatensalsa nach Geschmack
150 g mexikanischer Queso fresco (ersatzweise Feta)
½ Bund Koriandergrün, Blätter abgezupft

1. In einer kleinen Schüssel die Zutaten für die Würzmischung zusammen mit 1 EL Salz vermengen. Den Braten auf allen Seiten mit der Würzmischung einreiben und 30 Min. vor dem Grillen Raumtemperatur annehmen lassen.

2. Den Grill für ***indirekte schwache Hitze*** (etwa 150 °C) vorbereiten.

3. Den Grillrost mit der Bürste reinigen. 2 Handvoll Holz-Chips abtropfen lassen und direkt auf die Glut oder nach Herstelleranweisung in die Räucherbox des Gasgrills geben und den Deckel schließen. Sobald Rauch entsteht, den Braten über ***indirekte schwache Hitze*** legen und bei geschlossenem Deckel 5 Std. grillen, dabei nach der ersten und zweiten Stunde jeweils 1 Handvoll abgetropfte Holz-Chips auf die Glut oder in die Räucherbox geben, bis die Chips aufgebraucht sind. Beim Grillen mit Holzkohle von Zeit zu Zeit neue Kohle nachlegen, damit die Temperatur konstant bleibt – etwa acht nicht angezündete Briketts alle 45–60 Min. Den Grilldeckel beim Nachlegen der Briketts 5 Min. offen lassen, bis sie brennen. Der Braten wird am Ende außen ziemlich dunkel und trocken sein. Inzwischen die Würzsauce zubereiten.

4. Dafür die Chipotle-Schoten sehr fein würfeln und mit den übrigen Zutaten sowie 2 TL Salz in einem großen Topf auf mittlerer bis kleiner Stufe unter Rühren köcheln lassen, bis sich der Zucker aufgelöst hat.

5. Auf einer großen Arbeitsfläche zwei große Stücke Alufolie so nebeneinander legen, dass sie sich einige Zentimeter überlappen. Anschließend den geräucherten Braten in die Mitte der Folie setzen und mit etwa der Hälfte der Würzsauce übergießen. Die Seiten der Folie über den Braten schlagen

und die Folie fest um den Braten verschließen. Übrige Würzsauce aufbewahren. Den Braten in der Folie erneut über ***indirekter schwacher Hitze*** bei geschlossenem Deckel 2–3 Std. grillen, bis ein Fleischthermometer, an der dicksten Stelle eingestochen, aber ohne den Knochen zu berühren, eine Kerntemperatur von 90 °C anzeigt. Den Braten vom Grill nehmen und in der Folie 30–60 Min. nachziehen lasssen.

6. Sobald der Braten nicht mehr zu heiß ist, das butterzarte Fleisch mit den Händen fein zerteilen, dabei größere Fettstücke und Sehnen entfernen. Das Fleisch in einer Schüssel beiseitestellen.

7. Die übrige Würzsauce aufkochen, anschließend auf mittlerer bis kleiner Stufe etwa 3 Min. köcheln lassen. Das Fleisch zur Sauce geben und beides gut miteinander vermischen. Bis zum Servieren auf kleiner Stufe warm halten.

8. Jeweils 6 Tortillas in Alufolie wickeln und über indirekter Hitze 2–5 Min. durchwärmen, dabei die Tortillapakete einmal wenden. Auf einer Servierplatte warm halten. Die Tortillas mit Fleisch, Guacamole, Salsa, Käse und Koriander füllen und warm servieren.

FÜR 6–8 PERSONEN

CHICKEN WINGS
MIT HONIG-SENF-GLASUR

ZUBEREITUNGSZEIT: 10 Min.
GRILLZEIT: etwa 20 Min.
SCHÄRFEGRAD: 3/10

Für die Glasur

4 EL Honig
3 EL scharfer Senf
1 TL Tabasco

Für die Würzmischung

1 ½ TL grobes Meersalz
1 TL Knoblauchpulver
1 TL Zwiebelpulver
1 TL Senfpulver
¾ TL Cayennepfeffer

1 ½ kg Hähnchenflügel, am Gelenk halbiert, Flügelspitzen entfernt

1. Den Grill für direkte und indirekte mittlere Hitze (175–230 °C) vorbereiten.

2. In einem kleinen Topf die Zutaten für die Glasur verrühren. Auf mittlerer Stufe in etwa 1 Min. zum Köcheln bringen, dabei gelegentlich umrühren. Den Topf vom Herd nehmen.

3. In einer großen Schüssel die Zutaten für die Würzmischung vermengen. Die Hähnchenflügel dazugeben und gleichmäßig mit der Würzmischung überziehen.

4. Den Grillrost mit der Bürste reinigen. Die Hähnchenflügel über ***direkter mittlerer Hitze*** bei geschlossenem Deckel etwa 10 Min. grillen, dabei ein- bis zweimal wenden, bis sie außen goldbraun sind. Die Flügel über ***indirekte mittlere Hitze*** legen und etwa 10 Min. weitergrillen, bis die Haut der Flügel schön gebräunt und knusprig und das Fleisch am Knochen nicht mehr rosa ist. Während dieser Zeit die Hähnchenflügel zweimal wenden und mit Glasur bestreichen. Die Chicken Wings warm servieren.

FÜR 8 PERSONEN ALS VORSPEISE

HÄHNCHEN IN CHILI UND TEQUILA MARINIERT

MIT MELONENSALSA

ZUBEREITUNGSZEIT: 30 Min.
MARINIERZEIT: 2–4 Std.
KÜHLZEIT: bis zu 2 Std.
GRILLZEIT: 8–12 Min.
SCHÄRFEGRAD: 6/10

Für die Marinade

½ Bund Koriandergrün, die Blätter samt zarten Stielen grob gehackt
125 ml frisch gepresster Orangensaft
4 EL frisch gepresster Limettensaft
4 EL Tequila (Silver oder Gold)
je 2 EL Olivenöl und Honig
2 EL Vollrohrzucker
2 große Chipotle-Chilischoten in Adobo-Sauce (TexMex-Regal)
1 ½ TL Chilipulver (Gewürzmischung)
1 ½ TL gemahlener Kreuzkümmel
3 Knoblauchzehen, geschält
1 TL grobes Meersalz
½ TL gemahlener schwarzer Pfeffer

4 ausgelöste Hähnchenbrusthälften mit Haut (je etwa 180–250 g)

Für die Salsa

150 g Cantaloupemelonenwürfel
150 g Honigmelonenwürfel
4 EL fein gewürfelte rote Zwiebeln, abgespült
2 ½ EL frisch gepresster Limettensaft
½–1 mittelgroße Jalapeño-Chilischote, mit den Kernen sehr fein gehackt
½ TL grobes Meersalz

5 EL grob gehackte Korianderblätter

1. In der Küchenmaschine die Zutaten für die Marinade mixen, bis Koriander, Chilis und Knoblauch fein gehackt sind. Die Hähnchenbrüste nebeneinander in eine flache Auflaufform legen, mit insgesamt 125 ml Marinade übergießen und darin wenden. Die Form zugedeckt 2–4 Std. in den Kühlschrank stellen; die Hähnchenbrüste in dieser Zeit ab und zu wenden. Übrige Marinade in einen kleinen schweren Topf umfüllen.

2. Die Marinade im Topf auf mittlerer bis hoher Stufe aufkochen, anschließend 3–4 Min. einkochen lassen, bis sie etwas dicklich und auf 185 ml reduziert ist. Von der reduzierten Marinade 125 ml abnehmen und zum Bestreichen der Hähnchenbrüste auf dem Grill beiseitestellen. Die restlichen 60 ml Marinade zum Servieren aufbewahren. Die Zutaten für die Salsa mischen und bis zu 2 Std. im Kühlschrank kalt stellen.

3. Den Grill für direkte mittlere Hitze (175–230 °C) vorbereiten.

4. Den Grillrost mit der Bürste reinigen. Hähnchenbrüste aus der Marinade nehmen, die Marinade weggießen. Die Brüste zunächst mit der Hautseite nach unten über ***direkter mittlerer Hitze*** bei geschlossenem Deckel 8–12 Min. grillen, dabei ein- bis zweimal wenden und während der letzten Grillminuten großzügig mit der beiseitegestellten Marinade bestreichen, bis das Hähnchenfleisch fest und durchgegart ist. (Stellen Sie in den ersten Grillminuten sicher, dass die Haut nicht verbrennt.) Die fertigen Hähnchenbrüste vom Grill nehmen und 3–5 Min. ruhen lassen. Hähnchenbrüste auf Tellern anrichten und gleichmäßig mit der zum Servieren aufbewahrten Marinade beträufeln. Die Korianderblätter unter die Melonensalsa mischen und die Hähnchenbrüste mit der Salsa servieren.

FÜR 4 PERSONEN

HÄHNCHEN IN THAI-MARINADE

MIT PIKANTEM DIP

ZUBEREITUNGSZEIT: 25 Min.
MARINIERZEIT: 2–8 Std.
GRILLZEIT: 45–50 Min.
SCHÄRFEGRAD: 6/10

Für den Dip

4 TL Zucker
2 EL frisch gepresster Limettensaft
2 EL Fischsauce
1 kleine rote Thai-Chilischote, mit den Kernen in feine Ringe geschnitten
1 TL fein gehackter Knoblauch

Für die Marinade

1 Stängel Zitronengras (nur den unteren hellen Abschnitt verwenden), harte Außenblätter entfernt, grob gehackt
4 EL Fischsauce
4 EL Vollrohrzucker
2 EL grob gehackte Korianderblätter samt zarten Stielen
4 Knoblauchzehen, grob gehackt
2 kleine rote Thai-Chilischoten, mit den Kernen in feine Ringe geschnitten

1 küchenfertiges Hähnchen (etwa 2 kg), in 8 Stücke zerlegt

Für die Glasur

4 EL Honig
2 TL scharfe Chili-Knoblauch-Sauce (z. B. Sriracha)

1. Für den Dip in einer kleinen Schüssel den Zucker in 125 ml heißem Wasser auflösen, anschließend das Zuckerwasser mit den restlichen Dipzutaten verrühren. Den Dip so lange abgedeckt in den Kühlschrank stellen, wie das Hähnchenfleisch mariniert.

2. In der Küchenmaschine die Zutaten für die Marinade leicht stückig pürieren. Die Hähnchenstücke in einen großen, wiederverschließbaren Plastikbeutel geben und die Marinade dazugießen. Die Luft aus dem Beutel streichen und den Beutel fest verschließen. Die Marinade in die Haut der Hähnchenstücke einmassieren und das Fleisch 2–8 Std. kalt stellen.

3. Den Grill für indirekte und direkte mittlere bis starke Hitze (200–260 °C) vorbereiten.

4. In einer kleinen Schüssel die Zutaten für die Glasur verrühren und anschließend bei Raumtemperatur beiseitestellen.

5. Den Grillrost mit der Bürste reinigen. Die Hähnchenstücke zunächst mit der Hautseite nach unten über ***indirekter mittlerer bis starker Hitze*** bei geschlossenem Deckel 45–50 Min. grillen, dabei ein- bis zweimal wenden, bis beim Einstechen klarer Fleischsaft austritt und das Fleisch auch am Knochen nicht mehr rosa ist. Während der letzten 5 Min. Grillzeit die Hähnchenstücke rundherum mit der Honigglasur bestreichen, anschließend über direkte Hitze legen und die Haut knusprig werden lassen; die Stücke dabei gelegentlich wenden. Vom Grill nehmen und 5 Min. ruhen lassen. Mit einem Küchenbeil oder schwerem Messer die Schenkel quer halbieren, dann die beiden Brusthälften quer in drei Teile hacken oder schneiden. Den Dip in einzelne Schälchen füllen und mit den gegrillten Hähnchenstücken sofort servieren.

FÜR 6 PERSONEN

JAMBALAYA –
SCHARFE REISPFANNE AUS DEN SÜDSTAATEN

ZUBEREITUNGSZEIT: 40 Min.
GRILLZEIT: 16–20 Min.
SCHÄRFEGRAD: 8/10

350 g pikante, geräucherte Schweinswürste (z. B. Kabanossi oder Chorizo)
3 Eiertomaten

Für die Würzmischung
1 TL Paprikapulver
1 TL grobes Meersalz
½ TL Cayennepfeffer

4 ausgelöste Hähnchenoberschenkel ohne Haut (je etwa 350 g)
Olivenöl
1 mittelgroße Zwiebel, fein gewürfelt
je 1 mittelgroße grüne und rote Paprikaschote, in 1 cm große Würfel geschnitten
2 Knoblauchzehen, sehr fein gehackt
300 g Langkornreis
2 TL Paprikapulver
1 TL getrockneter Thymian
1 TL grobes Meersalz
je ½ TL Cayenne- und schwarzer Pfeffer
700 ml salzarme Hühnerbrühe
1 Lorbeerblatt
1 TL Tabasco
½ Bund Petersilie, die Blätter grob gehackt

1. Den Grill für direkte mittlere Hitze (175–230 °C) vorbereiten.

2. Den Grillrost mit der Bürste reinigen. Würste und Tomaten über ***direkter mittlerer Hitze*** bei geschlossenem Deckel grillen, dabei gelegentlich wenden, bis die Würste goldbraun sind und die Haut der Tomaten verkohlt ist und Blasen wirft. Rechnen Sie für die Würste 6–8 Min., für die Tomaten 8–10 Min. Die gegrillten Tomaten in einer mit Frischhaltefolie abgedeckten Schüssel 5–10 Min. ausdampfen lassen, anschließend die verkohlte Haut abziehen und wegwerfen, Stielansatz und Kerne der Tomaten entfernen und das Fruchtfleisch grob würfeln. Die Würste in 1 cm dicke Scheiben schneiden.

3. Die Zutaten für die Würzmischung vermengen. Die Hähnchenschenkel auf beiden Seiten mit Öl bestreichen und mit der Würzmischung bestreuen. Die Schenkel über ***direkter mittlerer Hitze*** bei geschlossenem Deckel 8–10 Min. grillen, dabei ein- bis zweimal wenden, bis das Fleisch fest und durchgegart ist und beim Einstechen klarer Fleischsaft austritt. Vom Grill nehmen und in 2 cm große Stücke schneiden.

4. In einer großen Pfanne 2 EL Öl auf mittlerer Stufe erhitzen. Zwiebel und Paprikaschoten darin unter gelegentlichem Rühren in etwa 4 Min. weich dünsten. Dann den Knoblauch etwa 1 Min. mitdünsten, bis er aromatisch duftet. Den Reis einstreuen, anschließend Paprikapulver, Thymian, Salz und beide Pfeffer unterrühren. Mit der Hühnerbrühe aufgießen, das Lorbeerblatt einlegen und die Tomaten dazugeben. Alles zum Kochen bringen, dann die Hitze reduzieren, sodass alles nur noch sanft köchelt. Den Topf verschließen und den Reis 20–30 Min. quellen lassen, bis er gar ist. Hähnchenfleisch und Würste unterheben und die Reispfanne mit Tabasco würzen. Erneut den Deckel auflegen und auf kleiner Stufe 3–5 Min. durchwärmen. Das Lorbeerblatt entfernen, die Reispfanne mit Petersilie garnieren und warm servieren.

FÜR 4 PERSONEN

HÄHNCHEN
MIT TANGERINEN

ZUBEREITUNGSZEIT: 25 Min.
MARINIERZEIT: 6–8 Std.
GRILLZEIT: 30–50 Min.
SCHÄRFEGRAD: 3/10

1 küchenfertiges schweres Hähnchen (2–2½ kg)
6 Bio-Tangerinen (etwa 1¼ kg; ersatzweise 6 Bio-Mandarinen oder kleine dünnschalige Bio-Orangen)
5 EL Sojasauce
4 EL Öl
2 EL frisch gepresster Zitronensaft
1 EL plus ¼ TL sehr fein gehackter Ingwer
½ TL gemahlener schwarzer Pfeffer
2 EL fein gehackte Korianderblätter

1. Das Hähnchen in acht Stücke zerlegen: zwei Oberschenkel, zwei Unterschenkel, zwei Flügel mit etwas Brustfleisch (Flügelspitzen entfernen und wegwerfen) und zwei Brusthälften. Die Hähnchenstücke in eine große Auflaufform geben, in der sie nebeneinander Platz haben.

2. Die Schale von 2 Tangerinen fein abreiben und in den Mixer geben. Die beiden Früchte gründlich schälen, dabei auch die weiße Haut entfernen, und das Fruchtfleisch würfeln. Die Tangerinenwürfel abgedeckt bis zum Servieren kalt stellen. Von 3 Tangerinen den Saft ausdrücken und in den Mixer zu der Schale gießen. Die letzte Tangerine samt Schale grob würfeln und in den Mixer geben.

3. Sojasauce, Öl, Zitronensaft, 1 EL Ingwer und den Pfeffer ebenfalls in den Mixer geben und die Zutaten in 10–15 Sek. zu einer nicht ganz glatten Marinade pürieren. Die Marinade über die Hähnchenstücke gießen und in das Fleisch sowie unter die Haut massieren. Die Hähnchenstücke abgedeckt 6–8 Std. im Kühlschrank marinieren, dabei ab und zu wenden.

4. Den Grill für indirekte mittlere Hitze (175 bis 230 °C) vorbereiten.

5. Die Hähnchenstücke aus der Marinade nehmen. Die Marinade in einen kleinen Topf gießen und auf mittlerer bis hoher Stufe aufkochen, anschließend gut 2 Min. kochen lassen und ab und zu umrühren. Den Topf mit der Marinade neben den Grill stellen.

6. Den Grillrost mit der Bürste reinigen. Die Hähnchenstücke zunächst mit der Hautseite nach oben über ***indirekter mittlerer Hitze*** bei geschlossenem Deckel grillen, bis beim Einstechen klarer Fleischsaft austritt und das Fleisch auch am Knochen nicht mehr rosa ist. Flügel und Brüste brauchen 30–40 Min., Ober- und Unterschenkel 40–50 Min. Nach etwa 25 Min. Grillzeit die Hähnchenstücke wenden und mit der gekochten Marinade bestreichen. Für eine schön gebräunte, knusprige Haut die Hähnchenstücke während der letzten 5 Min. über direkte Hitze legen, dabei ein- bis zweimal wenden. Fertige Hähnchenstücke vom Grill nehmen und 3–5 Min. ruhen lassen.

7. In einer kleinen Schüssel die kalt gestellten Tangerinenwürfel mit den Korianderblättern und dem übrigen ¼ TL fein gehackten Ingwer vermischen. Sofort mit den Hähnchenstücken servieren. Als Beilage passt gut der Salat aus gegrillten Maiskörnern (siehe Seite 125).

FÜR 4 PERSONEN

HÄHNCHEN NACH BASKISCHER ART

MIT EINEM SALAT AUS GEGRILLTEM GEMÜSE

ZUBEREITUNGSZEIT: 30 Min.
MARINIERZEIT: 4–10 Std.
GRILLZEIT: etwa 1 Std.
ZUBEHÖR: Fleischthermometer
SCHÄRFEGRAD: 6/10

Für die Marinade

1 EL geräuchertes Paprikapulver
1 EL Sherryessig
1 EL fein gehackte Thymianblättchen
3 Knoblauchzehen, fein gehackt
1 ½ TL grobes Meersalz
¾ TL gemahlener schwarzer Pfeffer
¾ TL rote Chiliflocken

Olivenöl
1 küchenfertiges Hähnchen (1 ½–2 kg), der Länge nach halbiert, Rückgrat und überschüssiges Fett entfernt

Für das Dressing

2 EL Sherryessig
2 TL geräuchertes Paprikapulver
1 TL grobes Meersalz
½ TL gemahlener schwarzer Pfeffer
¼ TL rote Chiliflocken

je 1 große rote und grüne Paprikaschote, jeweils in 4 flache Stücke geschnitten
1 große Zwiebel, quer in 1 cm dicke Scheiben geschnitten
1 dicke Scheibe geräucherter Kochschinken (etwa 180 g schwer und 1 cm dick)
90 g Kalamata-Oliven, halbiert, entsteint
5 EL grob gehackte glatte Petersilienblätter

1. In einer flachen Auflaufform die Zutaten für die Marinade mit 4 EL Öl verquirlen. Die Hähnchenhälften nebeneinander in die Form legen und in der Marinade wenden. Das Hähnchen abgedeckt 4–10 Std. im Kühlschrank marinieren, dabei ab und zu wenden.

2. Den Grill für direkte und indirekte mittlere Hitze (175–230 °C) vorbereiten.

3. Die Zutaten für das Dressing mischen. Nach und nach 4 EL Öl unterschlagen, bis eine sämige Emulsion entsteht. Paprikaschoten und Zwiebel rundum mit Öl bestreichen.

4. Den Grillrost mit der Bürste reinigen. Die Hähnchenhälften aus der Marinade nehmen, die Marinade weggießen. Die Hälften zunächst mit der Hautseite nach oben über ***indirekter mittlerer Hitze*** bei geschlossenem Deckel 45–55 Min. grillen, dabei ein- bis zweimal wenden, bis beim Einstechen klarer Fleischsaft austritt und das Fleischthermometer, eingestochen in die dickste Stelle des Oberschenkels ohne den Knochen zu berühren, 72–75 °C anzeigt. Die Hähnchenhälften vom Grill nehmen und 10–15 Min. nachziehen lassen (in dieser Zeit steigt die Kerntemperatur des Fleisches noch einmal um 2–5 °C). Paprikaschoten, Zwiebel und Schinken über ***direkter mittlerer Hitze*** bei geschlossenem Deckel grillen, bis das Gemüse weich ist und der Schinken ein kräftiges Grillmuster angenommen hat, dabei ein- bis zweimal wenden. Rechnen Sie für das Gemüse 8–10 Min., für den Schinken etwa 5 Min. Gemüse und Schinken anschließend in 2 cm große Würfel schneiden.

5. Gegrilltes Gemüse, Schinken, Oliven und Petersilie mit dem Dressing anmachen und den Salat auf einzelne Teller verteilen. Jede Hähnchenhälfte in 2–3 Stücke zerteilen und auf den Salattellern anrichten. Sofort servieren.

FÜR 4–6 PERSONEN

BIERDOSEN-HÄHNCHEN
MIT MELASSE UND SENF GLASIERT

ZUBEREITUNGSZEIT: 30 Min.
GRILLZEIT: 1 ¼–1 ½ Std.
ZUBEHÖR: Dosenlochstecher, große Einweg-Aluschale, 2 Handvoll Hickory- oder Eichenholz-Chips (mind. 30 Min. gewässert), Fleischthermometer
SCHÄRFEGRAD: 5/10

Für die Würzmischung
2 EL Paprikapulver
2 TL grobes Meersalz
2 TL Vollrohrzucker
1 TL Cayennepfeffer
1 TL Senfpulver
½ TL Knoblauchpulver
½ TL Zwiebelpulver
½ TL gemahlener schwarzer Pfeffer

1 küchenfertiges Hähnchen (2–2 ½ kg), überschüssiges Fett entfernt
2 TL Rapsöl
1 Dose (0,33 ml) Bier

Für die Glasur
2 EL Senfpulver
2 EL Apfelessig
170 g Melasse
2 EL scharfer Senf
½ TL grobes Meersalz
½ TL gemahlener schwarzer Pfeffer

1. In einer kleinen Schüssel die Zutaten für die Würzmischung vermengen.

2. Das Hähnchen innen und außen mit dem Öl bepinseln und mit der Würzmischung einreiben (auch die Bauchhöhle und die Unterseite der Schenkel und Flügel). Die Flügelspitzen auf den Rücken drehen.

3. Die Bierdose öffnen und zwei Drittel des Biers abgießen (oder zum Einweichwasser der Holz-Chips gießen). Mit dem Dosenlochstecher zwei weitere Löcher in den Dosendeckel stanzen. Die Dose auf eine stabile Unterlage stellen und das Hähnchen mit der Bauchhöhle darüberstülpen.

4. Die große Aluschale unter den Grillrost stellen (bzw. je nach Grill über einen nicht angezündeten Brenner), um herabtropfenden Fleischsaft aufzufangen. Den Grill für indirekte mittlere Hitze (175–230 °C) vorbereiten.

5. Für die Glasur in einer kleinen Schüssel das Senfpulver mit dem Essig verrühren und 5 Min. stehen lassen. Die Mischung anschließend mit den restlichen Zutaten verquirlen.

6. Den Grillrost mit der Bürste reinigen. Die Holz-Chips abtropfen lassen und direkt auf die Glut oder nach Herstelleranweisung in die Räucherbox des Gasgrills geben und den Deckel schließen. Sobald Rauch entsteht, die Dose mit dem Hähnchen mittig über der Tropfschale auf den Grillrost stellen, dabei sollen die Beine mit der Dose eine Art Dreifuß bilden. Das Hähnchen über ***indirekter mittlerer Hitze*** bei geschlossenem Deckel 1 ¼ –1 ½ Std. grillen, bis beim Einstechen klarer Fleischsaft austritt und ein

Fleischthermometer, an der dicksten Stelle des Oberschenkels eingestochen (ohne den Knochen zu berühren), 72–75 °C anzeigt. Die Grilltemperatur in dieser Zeit möglichst konstant um die 200 °C halten, deshalb beim Grillen mit Holzkohle nach Bedarf neue Kohle nachlegen, damit es im Grill gleichmäßig heiß bleibt; etwa nach 45 Min. 6–10 nicht angezündete Briketts nachlegen. Den Grilldeckel anschließend 5 Min. geöffnet lassen, damit die Briketts Feuer fangen. In den letzten 15 Min. der Grillzeit das Hähnchen mit der Hälfte der Glasur betupfen, ohne dabei die Würzmischung abzutragen.

7. Das Hähnchen auf der Dose vorsichtig vom Grill heben (das Bier ist sehr heiß, also nichts verschütten!) und erneut mit Glasur bestreichen, anschließend 5–10 Min. ruhen lassen. (Die Kerntemperatur des Fleisches erhöht sich in dieser Zeit noch einmal um 2–5 °C.)

8. Das Hähnchen von der Dose heben und tranchieren. Warm servieren und die übrige Glasur als Sauce dazu reichen. Als Beilage passen die scharfen Baked Beans (siehe Seite 130) gut.

FÜR 4 PERSONEN

HÄHNCHEN FRA DIAVOLO

ZUBEREITUNGSZEIT: 20 Min.
MARINIERZEIT: 3–4 Std.
GRILLZEIT: 40–60 Min.
ZUBEHÖR: Geflügelschere, große gusseiserne Pfanne oder 2 in Alufolie eingewickelte Ziegelsteine zum Beschweren, Fleischthermometer
SCHÄRFEGRAD: 5/10

Für die Marinade

4 EL Olivenöl
1 EL fein abgeriebene Bio-Zitronenschale
3 Knoblauchzehen, sehr fein gehackt
2 TL Paprikapulver
2 TL grobes Meersalz
1 TL getrockneter Oregano
1 TL rote Chiliflocken
1 TL gemahlener schwarzer Pfeffer
1 TL Cayennepfeffer

1 küchenfertiges Hähnchen (2–2 ½ kg), überschüssiges Fett entfernt

1. In einer kleinen Schüssel die Zutaten für die Marinade verquirlen.

2. Das Hähnchen mit der Brust nach unten auf ein Schneidebrett legen. Mit der Geflügelschere von der Halsöffnung her auf beiden Seiten des Rückgrats entlang aufschneiden und das Rückgrat entfernen. Jetzt sieht man in das Innere des Hähnchens. Das knorpelige untere Ende des Brustbeins etwas einschneiden, anschließend mit den Händen die Rippenenden fassen und das Hähnchen aufklappen. Mit den Fingern auf beiden Seiten des Brustbeins entlangfahren, um es vom Fleisch zu lösen. Den Knochen greifen und zusammen mit dem knorpeligen Ende herausziehen. Das Hähnchen sollte jetzt flach auf dem Schneidebrett liegen. Mit Küchenpapier trockentupfen.

3. Das aufgeklappte Hähnchen mit der Hautseite nach oben in eine flache Auflaufform legen und mit der Marinade einreiben. Nach Belieben die Haut von Brust und Keulen etwas lockern und das Fleisch darunter ebenfalls mit Marinade einreiben. Mit Frischhaltefolie abgedeckt 3–4 Std. im Kühlschrank marinieren.

4. Den Grill für direkte und indirekte mittlere bis schwache Hitze (150–200 °C) vorbereiten.

5. Den Grillrost mit der Bürste reinigen. Das Hähnchen aus der Marinade nehmen (die Marinade weggießen) und zunächst mit der Hautseite nach unten über ***direkte mittlere bis schwache Hitze*** legen. Mit der Gusseisenpfanne oder den Ziegelsteinen beschweren, den Deckel schließen und das Hähnchen 10–15 Min. grillen, bis die Haut gebräunt ist. Stellen Sie dabei aber sicher, dass sie nicht verbrennt. Anschließend Pfanne oder Ziegelsteine abnehmen (tragen Sie dabei Grillhandschuhe!), das Hähnchen mit einem großen Grillwender umdrehen und über ***indirekte mittlere bis schwache Hitze*** legen. Mit der Pfanne oder den Steinen beschweren und bei geschlossenem Deckel 30–45 Min. weitergrillen, bis beim Einstechen klarer Fleischsaft austritt und das Fleischthermometer, in die dickste Stelle des Oberschenkels eingestochen ohne den Knochen zu berühren, 72–75 °C anzeigt. Hähnchen vom Grill nehmen und 10–15 Min. ruhen lassen. (Die Kerntemperatur erhöht sich in dieser Zeit noch einmal um 2–5 °C.) Hähnchen in Portionsstücke schneiden und warm servieren.

FÜR 4–6 PERSONEN

MEXIKANISCHER TORTILLA-EINTOPF CHILAQUILES

MIT HÄHNCHEN

ZUBEREITUNGSZEIT: 20 Min.
GRILLZEIT: 21–28 Min.
ZUBEHÖR: eine große Grill-Bratpfanne (mind. 3 l Inhalt; keine Gusseisenpfanne verwenden)
SCHÄRFEGRAD: 7/10

1 EL Chilipulver (Gewürzmischung)
1 ½ TL grobes Meersalz
1 Msp. Cayennepfeffer
6 ausgelöste Hähnchenoberschenkel ohne Haut (je etwa 120 g)
Olivenöl
1 mittelgroße Zwiebel, fein gewürfelt
2 TL fein gehackter Knoblauch
1 Dose (800 g Inhalt) gewürfelte Tomaten
250 ml salzarme Hühnerbrühe
3 Chipotle-Chilischoten in Adobo-Sauce (TexMex-Regal), fein gehackt
200 g Tortillachips, grob in Stücke gebrochen
175 g frische oder TK-Maiskörner (nicht aufgetaut)
75 g Feta, zerbröckelt
2 EL grob gehackte Korianderblätter

TIPP!

Chilaquiles ist ein typisches mexikanisches Eintopfgericht aus Tortillachips und einer scharfen Sauce. Die Version hier, in der in einer chilischarfen Tomatensauce Mais und Hähnchenfleisch dazukommen, lässt sich für Vegetarier mit gegrillten Zucchini und schwarzen Bohnen oder sogar Rühreiern abwandeln.

1. In einer kleinen Schüssel Chilipulver, Salz und Cayennepfeffer mischen. Die Hähnchenschenkel auf beiden Seiten mit Öl bestreichen und gleichmäßig mit der Würzmischung bestreuen. Das Fleisch vor dem Grillen 15–30 Min. Raumtemperatur annehmen lassen.

2. Den Grill für direkte und indirekte mittlere Hitze (175–230 °C) vorbereiten.

3. Inzwischen in der großen Grill-Bratpfanne auf mittlerer Stufe 2 EL Öl erhitzen. Zwiebel und Knoblauch darin unter gelegentlichem Rühren in etwa 3 Min. weich dünsten. Tomatenwürfel, Brühe und Chilis zufügen und zum Kochen bringen. Die Hitze anschließend auf mittlere bis kleine Stufe stellen und die Tomatensauce unter häufigem Rühren etwa 5 Min. einkochen lassen. Die Pfanne vom Herd nehmen. Die Hälfte der Tortilla-Chips in der Tomatensauce einweichen.

4. Den Grillrost mit der Bürste reinigen. Das Hähnchenfleisch über ***direkter mittlerer Hitze*** bei geschlossenem Deckel 6–8 Min. grillen, dabei ein- bis zweimal wenden (das Fleisch wird anschließend in der Sauce fertig gegart). Fleisch vom Grill nehmen und in mundgerechte Stücke schneiden.

5. Hähnchenfleisch auf die Sauce geben, dann die Maiskörner darüberstreuen. Die restlichen Tortilla-Chips zufügen und Sauce darüberlöffeln. Die Pfanne über ***indirekte mittlere Hitze*** stellen und den Eintopf bei geschlossenem Deckel 15–20 Min. köcheln lassen. Beim Gasgrill anschließend die Brenner ausschalten, die Pfanne aber noch nicht vom Grillrost nehmen. Den Chilaquiles-Eintopf mit Feta bestreuen und 5 Min. ruhen lassen. Mit Koriander bestreuen und warm servieren.

FÜR 6 PERSONEN

PIKANTE ENTENBRÜSTE
MIT CHILI-KIRSCH-SALSA

ZUBEREITUNGSZEIT: 30 Min.
GRILLZEIT: etwa 8 Min.
SCHÄRFEGRAD: 5/10

Für die Salsa

300 g Kirschen, entsteint, oder entsteinte TK-Kirschen, aufgetaut und abgetropft
1 mittelgroße rote Zwiebel, grob gewürfelt
½ Bund Koriandergrün, Blätter samt zarten Stielen abgezupft
1 Chipotle-Chilischote in Adobo-Sauce (TexMex-Regal)
Saft von 1 großen Limette
¾ TL grobes Meersalz
½ TL Zucker
1 kleine Knoblauchzehe, in feine Scheiben geschnitten
¼ TL gemahlener schwarzer Pfeffer

Für die Würzmischung

2 EL Paprikapulver
1 EL Vollrohrzucker
2 TL grobes Meersalz
1½ TL getrockneter Oregano
1 TL Chipotle-Chilipulver
je ½ TL gemahlener Kreuzkümmel, Zimtpulver und gemahlener schwarzer Pfeffer

4 ausgelöste Entenbrusthälften mit Haut (je etwa 180–250 g), trockengetupft
2 EL grob gehackte Korianderblätter

1. In der Küchenmaschine oder im Mixer die Zutaten für die Salsa in Intervallen fein hacken, aber nicht pürieren. Nach Belieben mit zusätzlichem Limettensaft, Salz oder Zucker abschmecken.

2. Den Grill für direkte mittlere Hitze (175–230 °C) vorbereiten.

3. In einer kleinen Schüssel die Zutaten für die Würzmischung vermengen.

4. Mit den Fingern seitlich unter die fettreiche Haut der Entenbrüste fahren, die Haut lockern und an den Seiten behutsam vom Fleisch lösen. Mit einer Küchenschere oder einem scharfen Messer die Haut bis auf einen 2½–3½ cm breiten Längsstreifen in der Mitte entfernen. Anschließend drei bis vier schräge Einschnitte in die Hautstreifen setzen, dabei aber nicht ins Fleisch schneiden. Mit dieser Vorbereitung wird der Flammenbildung auf dem Grill vorgebeugt, das Fett kann austreten und die Haut der Entenbrüste wird schön knusprig. Die Entenbrüste anschließend auf beiden Seiten mit der Würzmischung einreiben.

5. Den Grillrost mit der Bürste reinigen. Die Brüste mit der Hautseite nach unten über ***direkter mittlerer Hitze*** bei geschlossenem Deckel grillen, bis sie den gewünschten Gargrad erreicht haben, etwa 8 Min. für rosa/rot (medium rare), dabei einmal wenden (bei Flammenbildung die Entenbrüste vorübergehend über indirekte Hitze legen). Vom Grill nehmen und 5 Min. ruhen lassen.

6. Die Entenbrüste schräg in 1 cm dicke Scheiben schneiden, den austretenden Fleischsaft dabei auffangen. Die Scheiben fächerförmig auf einem Servierteller anrichten und mit dem Fleischsaft beträufeln. Die Salsa neben oder auf die Entenbrustscheiben geben, alles mit Koriander bestreuen und sofort servieren.

FÜR 4–6 PERSONEN

CHIPOTLE-PUTENBURGER

MIT ZITRUSFRUCHTIGEN ZWIEBELN

ZUBEREITUNGSZEIT: 20 Min.
MARINIERZEIT: 30–60 Min.
GRILLZEIT: 10–12 Min.
SCHÄRFEGRAD: 5/10

Für die Zwiebeln

1 mittelgroße rote Zwiebel, in sehr feine Scheiben geschnitten
4 EL frisch gepresster Limettensaft
4 EL frisch gepresster Orangensaft
1 TL Zucker
½ TL grobes Meersalz

Für die Pattys

1 kg Putenhackfleisch (möglichst vom dunklen Schenkelfleisch)
1 mittelgroße Zwiebel, fein gewürfelt
½ Bund Koriandergrün, die Blätter fein gehackt
2 Chipotle-Chilischoten in Adobo-Sauce (TexMex-Regal), sehr fein gehackt
1 kleine Thai-Chilischote, entkernt, sehr fein gehackt
2 TL grobes Meersalz
2 Knoblauchzehen, sehr fein gehackt
1 TL Chipotle-Chilipulver
½ TL gemahlener Kreuzkümmel
½ TL gemahlener schwarzer Pfeffer

6 Burger-Brötchen, aufgeschnitten
1 Avocado, längs halbiert, das Fruchtfleisch in ½ cm dicke Scheiben geschnitten

1. In einer mittelgroßen Schüssel die Zutaten für die eingelegten Zwiebeln mischen. Abdecken und bei Raumtemperatur 30–60 Min. ziehen lassen.

2. In einer großen Schüssel die Patty-Zutaten behutsam vermischen. Mit angefeuchteten Händen aus der Hackfleischmasse sechs möglichst gleich große, etwa 2 cm dicke Pattys formen. Das Fleisch nicht zu stark zusammendrücken oder kneten, sonst werden die Pattys beim Grillen hart. Mit dem Daumen oder Rücken eines Teelöffels in die Mitte der Pattys eine flache, etwa 2½ cm breite Vertiefung drücken. Dadurch wölben sie sich während des Grillens nicht und garen gleichmäßig. Die Pattys bis zum Grillen abgedeckt kalt stellen.

3. Inzwischen den Grill für direkte mittlere Hitze (175–230 °C) vorbereiten.

4. Den Grillrost mit der Bürste reinigen. Die Pattys über ***direkter mittlerer Hitze*** bei geschlossenem Deckel 10–12 Min. grillen, bis das Fleisch durchgegart, aber noch saftig ist, dabei einmal wenden, sobald sich die Pattys leicht vom Rost lösen lassen, ohne haften zu bleiben (bei Flammenbildung die Pattys vorübergehend über indirekte Hitze legen). Während der letzten Grillminute die Burger-Brötchenhälften mit den Schnittflächen nach unten über direkter Hitze rösten.

5. Jeweils 1 Patty in den gerösteten Brötchen anrichten und darauf eingelegte Zwiebeln und Avocadoscheiben geben. Die Burger heiß servieren. Als Beilage passt gut der Krautsalat mit Chili, Koriander und Limette (siehe Seite 124).

FÜR 6 PERSONEN

PAILLARDS VON DER PUTE

MIT BRAUNER WASABI-BUTTER UND BLATTSENF

ZUBEREITUNGSZEIT: 15 Min., plus etwa 20 Min. für die Butter
GRILLZEIT: 2–3 Min.
SCHÄRFEGRAD: 7/10

- 2 EL Wasabipulver (grünes japanisches Meerrettichpulver)
- 120 g Butter
- 4 TL Meerrettich (Glas)
- 2 TL Reis- oder Apfelessig
- 1 TL grobes Meersalz
- ¾ TL gemahlener schwarzer Pfeffer
- 1 ausgelöste Putenbrusthälfte ohne Haut (etwa 700 g)
- 2 EL Sesamöl aus gerösteten Samen
- 2½ EL Sesamsamen
- 500 g Blattsenf, dickere Stiele entfernt, die Blätter grob gehackt (ersatzweise Senfkohl)
- 1 EL fein gehackter Knoblauch
- 1 EL sehr fein gehackter Ingwer
- ½ TL rote Chiliflocken
- 1 EL Sojasauce

1. In einem kleinen Topf das Wasabipulver in 2 EL warmem Wasser anrühren und 10 Min. zum Quellen beiseitestellen.

2. In einer großen, tiefen Pfanne die Butter auf mittlerer bis kleiner Stufe unter gelegentlichem Schwenken der Pfanne etwa 8–10 Min. schmelzen und sanft köcheln lassen, bis das Butterfett eine goldgelbe Farbe angenommen hat und der Bodensatz braun und karamellsiert ist. Die Pfanne vom Herd nehmen und die Butter ein wenig abkühlen lassen. Anschließend mit einem Schneebesen aufschlagen und bis auf 1 EL zu dem angerührten Wasabipulver in den Topf gießen. Meerrettich, Essig sowie je ¼ TL Salz und Pfeffer zufügen und alles mit dem Schneebesen glatt rühren.

3. Den Grill für direkte mittlere bis starke Hitze (200–260 °C) vorbereiten.

4. Die Putenbrust quer in vier gleich große Stücke schneiden. Die Stücke nacheinander zwischen zwei Lagen Frischhaltefolie zu Paillards mit einem Durchmesser von 18–20 cm und einer Dicke von 3–5 mm flach klopfen. Die Paillards auf beiden Seiten mit dem Sesamöl bestreichen, gleichmäßig mit dem übrigen ¾ TL Salz und dem restlichen ½ TL Pfeffer würzen und mit den Sesamsamen bestreuen.

Mit dem Boden einer kleinen schweren Pfanne das Putenfleisch nacheinander zwischen zwei Lagen Frischhaltefolie dünn klopfen. Dafür in der Mitte beginnen und das Fleisch nach außen, in Richtung dünnere Enden flach klopfen. Die Paillards sollten am Ende eine gleichmäßige Dicke von 3–5 mm haben.

5. Den Grillrost mit der Bürste reinigen. Die Paillards über ***direkter mittlerer bis starker Hitze*** bei geschlossenem Deckel 2–3 Min. grillen, bis das Fleisch fest und auch im Kern nicht mehr rosa ist, dabei einmal wenden. Die gegrillten Paillards auf vorgewärmten einzelnen Tellern mit Alufolie abgedeckt warm halten.

6. Die übrige braune Butter in der Pfanne auf mittlerer Stufe erhitzen. Das Blattgemüse mit Knoblauch, Ingwer und Chiliflocken in der heißen Butter 1 Min. andünsten, anschließend das Gemüse wenden und in der offenen Pfanne etwa 1 Min. weiterdünsten, bis die Blätter zusammenfallen. Die Pfanne vom Herd nehmen und die Sojasauce unterrühren.

7. Die Wasabi-Butter im Topf noch einmal kurz aufwärmen und die Paillards jeweils damit beträufeln. Das gedünstete Blattgemüse auf den Tellern anrichten und die Paillards sofort servieren.

FÜR 4 PERSONEN

GARNELEN
MIT COCKTAILSAUCE BLOODY MARY

ZUBEREITUNGSZEIT: 30 Min.
MARINIERZEIT: 30 Min.
GRILLZEIT: 2–4 Min.
SCHÄRFEGRAD: 6/10

Für die Marinade

3 EL Olivenöl
3 EL frisch gepresster Zitronensaft
2 TL Paprikapulver
1 TL Tabasco
1 TL grobes Meersalz
1 TL gemahlener schwarzer Pfeffer

1 kg Riesengarnelen (Größe 16/20), geschält, Darm entfernt, mit Schwanzsegment

Für die Sauce

125 ml frisch gepresster Zitronensaft
125 ml Ketchup
2 EL Tomatenmark
2 EL sehr fein gehackte Chipotle-Chilischoten in Adobo-Sauce (TexMex-Regal)
2 EL Wodka nach Belieben
1 EL Worcestersauce
2 TL Meerrettich (Glas)
¼ TL grobes Meersalz

2 Bio-Limetten, in Spalten geschnitten

1. In einer kleinen Schüssel die Zutaten für die Marinade verquirlen. Die geschälten Garnelen in einen großen, wiederverschließbaren Plastikbeutel geben und die Marinade dazugießen. Die Luft aus dem Beutel streichen, den Beutel fest verschließen und mehrmals wenden, damit sich die Marinade gleichmäßig verteilt. Den Beutel in einer Schüssel 30 Min. in den Kühlschrank stellen.

2. Den Grill für direkte starke Hitze (230–290 °C) vorbereiten.

3. In einer mittelgroßen Schüssel die Zutaten für die Sauce verrühren.

4. Den Grillrost mit der Bürste reinigen. Die Garnelen aus der Marinade nehmen, die Marinade weggießen. Garnelen über ***direkter starker Hitze*** bei geschlossenem Deckel 2–4 Min. grillen, bis das Garnelenfleisch fest und im Kern gerade nicht mehr glasig ist, dabei ein- bis zweimal wenden. Die Garnelen warm mit der Cocktailsauce und den Limettenspalten servieren.

FÜR 4–6 PERSONEN ALS VORSPEISE

PIKANTE GARNELEN-TORTILLAS

MIT EINER SALSA AUS GEGRILLTEM GEMÜSE

ZUBEREITUNGSZEIT: 30 Min.
GRILLZEIT: 14–20 Min.
SCHÄRFEGRAD: 5/10

1 kleine Zwiebel, quer in 1 cm dicke Scheiben geschnitten
Olivenöl
4 Eiertomaten, längs halbiert
1 mittelgroße rote Paprikaschote, in vier flache Stücke geschnitten
500 g Riesengarnelen (Größe 11/15), geschält, Darm und Schwanzsegment entfernt
1 ½ TL Chilipulver (Gewürzmischung)
grobes Meersalz
1 Msp. Cayennepfeffer

Für die Chilicreme

125 g Schmand
1 Chipotle-Chilischote in Adobo-Sauce (TexMex-Regal), sehr fein gehackt
1 TL Adobo-Sauce (von den Chipotle-Chilis)

4 EL grob gehackte Korianderblätter
2 EL frisch gepresster Limettensaft
2 Chipotle-Chilischoten in Adobo-Sauce, sehr fein gehackt
1 EL sehr fein gehackte Jalapeño-Chilischoten (mit oder ohne Kerne)
1 TL fein gehackter Knoblauch
6 Weizentortillas (20 cm Ø)
1 Avocado, das Fruchtfleisch gewürfelt

1. Den Grill für direkte mittlere bis starke Hitze (200–260 °C) vorbereiten.

2. Den Grillrost mit der Bürste reinigen. Die Zwiebelscheiben auf beiden Seiten mit Öl bestreichen. Zwiebel, Tomaten und Paprikastücke über ***direkter mittlerer bis starker Hitze*** bei geschlossenem Deckel 8–12 Min. grillen, dabei gelegentlich wenden, bis die Zwiebel weich und die Haut der Tomaten und Paprika stellenweise verkohlt ist und Blasen wirft. Das Gemüse vom Grill nehmen. Die Paprikastücke in einer mit Frischhaltefolie abgedeckten Schüssel mind. 10 Min. ausdampfen lassen.

3. Die Garnelen mit 1 EL Öl mischen und mit Chilipulver, ¼ TL Salz und Cayennepfeffer würzen. Den Grillrost noch einmal mit der Bürste reinigen. Die Garnelen über ***direkter mittlerer bis starker Hitze*** bei geschlossenem Deckel 4–6 Min. grillen, dabei einmal wenden, bis sie fest und im Kern gerade nicht mehr glasig sind. Vom Grill nehmen, abkühlen lassen, dann der Länge nach halbieren.

4. Die Grilltemperatur auf mittlere Hitze (175 bis 230 °C) absenken und den Grill für direktes und indirektes Grillen vorbereiten. Die Zutaten für die Chilicreme verrühren. Die Haut der gegrillten Tomaten und Paprikastücke abziehen und wegwerfen. Zwiebel, Tomaten und Paprika zusammen mit Koriander, Limettensaft, beiden Chilis sowie dem Knoblauch in der Küchenmaschine zu einer feinstückigen Salsa verarbeiten und die Salsa mit Salz abschmecken. Die Tortillas über ***direkter mittlerer Hitze*** bei geöffnetem Deckel etwa 1 Min. rösten, wenden und mit der gerösteten Seite nach oben in die indirekte Zone ziehen. Auf jeder Tortilla gleichmäßig Salsa verstreichen, darauf Garnelen und Avocadowürfel geben. Die Torillas wieder über ***direkte mittlere Hitze*** legen und die Unterseite der Tortillas 30–60 Sek. rösten. Tortillas vom Grill nehmen und warm mit der Chilicreme servieren.

FÜR 4–6 PERSONEN

ZITRONENGRAS-GARNELEN

IM SALATBLATT

ZUBEREITUNGSZEIT: 30 Min.
GRILLZEIT: 7–11 Min.
ZUBEHÖR: gusseiserne Pfanne oder Wok
SCHÄRFEGRAD: 5/10

700 g Garnelen, geschält, Darm und Schwanzsegment entfernt, grob gewürfelt
3 EL Öl
½ TL gemahlener schwarzer Pfeffer
2 große Stängel Zitronengras
1 Stück Ingwer (etwa 2,5 cm), geschält, grob gehackt
3 große Knoblauchzehen, geschält
2 EL Vollrohrzucker
4 TL thailändische rote Currypaste
3 EL frisch gepresster Limettensaft
2 EL Fischsauce
2 TL Speisestärke, in 1 EL Wasser angerührt
1 Stück Salatgurke (etwa 125 g), in Würfel geschnitten
150 g Cocktail- oder Datteltomaten, halbiert
5 EL grob gehackte Korianderblätter
4 EL in feine Streifen geschnittene Basilikumblätter
8 große Blätter Kopfsalat

1. In einer mittelgroßen Schüssel die Garnelen mit 1 EL Öl und dem Pfeffer mischen.

2. Von den Zitronengrasstängeln nur den unteren hellen Teil (etwa 10 cm) verwenden, den Rest abschneiden und wegwerfen. Die harten Außenblätter der Stängel entfernen (etwa drei bis vier Schichten), bis nur noch die inneren zarten Stängelabschnitte übrig sind. Diese grob zerkleinern und mit dem Ingwer und Knoblauch in der Küchenmaschine fein hacken. In eine Schüssel umfüllen.

3. Den Grill für direkte starke Hitze (230–290 °C) vorbereiten.

4. In einer von zwei Schüsseln Zucker und Currypaste mischen, in der zweiten Schüssel Limettensaft und Fischsauce verrühren. Beide Schüsseln sowie die angerührte Speisestärke, die Garnelen, die Schüssel mit der Zitronengrasmischung und die restlichen 2 EL Öl neben den Grill stellen.

5. Die gusseiserne Pfanne oder den Wok über ***direkte starke Hitze*** stellen, die 2 EL Öl hineingeben und das Öl bei geschlossenem Deckel in etwa 1 Min. heiß werden lassen. Anschließend bei geöffnetem Deckel die Zitronengrasmischung im heißen Öl 1–2 Min. pfannenrühren, bis sie etwas weich wird (nicht braun werden lassen). Die gezuckerte Currypaste einrühren, dann den Limettensaft-Mix. Den Deckel schließen und 1–2 Min. garen, bis die Flüssigkeit etwas eingekocht und dicklich ist. Die Garnelen in die Pfanne oder den Wok füllen und gut durchrühren. Garnelen bei geschlossenem Deckel 3–5 Min. garen (dabei geben die Garnelen Flüssigkeit ab), bis das Garnelenfleisch fest und im Kern gerade nicht mehr glasig ist. Die Flüssigkeit in der Pfanne oder im Wok mit der Speisestärke andicken und alles noch etwa 30 Sek. kochen lassen.

6. Pfanne oder Wok mit Grillhandschuhen vorsichtig vom Grill heben und auf eine hitzefeste Unterlage stellen. Gurkenwürfel, Tomaten und die Kräuter unter die Garnelen heben. Auf vier Tellern jeweils 2 Salatblätter anrichten und die Salatblätter gleichmäßig mit der Garnelenmischung füllen. Sofort servieren.

FÜR 4 PERSONEN

GEGRILLTE JAKOBSMUSCHELN

MIT MÖHREN-DIP

ZUBEREITUNGSZEIT: 10 Min., plus etwa 20 Min. für den Dip
GRILLZEIT: 4–6 Min.
SCHÄRFEGRAD: 3/10

Für den Dip

1 mittelgroße Möhre, geschält, quer in ½ cm dicke Scheiben geschnitten
2 TL Sojasauce
1 TL scharfe Chili-Knoblauch-Sauce (z. B. Sriracha)
¼ TL gemahlener Kreuzkümmel
1 EL Reisessig
1 EL Olivenöl
1 TL fein gehackte Minzeblätter

20 ausgelöste Jakobsmuscheln (je etwa 30 g)
Olivenöl
grobes Meersalz
gemahlener schwarzer Pfeffer

1. In einem kleinen Topf die Möhrenscheiben mit 250 ml Wasser, Sojasauce, Chili-Knoblauch-Sauce und Kreuzkümmel aufsetzen und zum Kochen bringen. Bei verringerter Hitze die Möhren etwa 15 Min. sanft köcheln lassen, bis sie weich sind. Die Mischung in die Küchenmaschine geben und glatt pürieren, dabei bei laufendem Motor Essig, Öl und Minze zufügen. Der Dip sollte am Ende die Konsistenz von Ketchup haben. Ist er zu dick, noch etwas Wasser untermixen, sollte er zu dünn sein, den Dip zurück in den Topf füllen und einige Minuten einkochen lassen.

2. Den Grill für direkte starke Hitze (230–290 °C) vorbereiten.

3. Das Jakobsmuschelfleisch mit kaltem Wasser abbrausen, anschließend trockentupfen. Bei Bedarf den kleinen festen Seitenmuskel der Muscheln abschneiden und wegwerfen. Die Muscheln in einer mittelgroßen Schüssel dünn mit Öl überziehen und gleichmäßig mit Salz und Pfeffer würzen.

4. Den Grillrost mit der Bürste reinigen. Die Jakobsmuscheln über ***direkter starker Hitze*** bei geschlossenem Deckel 4–6 Min. grillen, dabei einmal wenden, bis sie etwas gebräunt und im Kern gerade nicht mehr glasig sind. Die Jakobsmuscheln vom Grill nehmen und warm mit dem Dip servieren. Die Muscheln dabei entweder mit dem Dip beträufeln oder den Dip in einzelnen Schälchen zu den Muscheln reichen.

FÜR 4 PERSONEN

GERÄUCHERTE VENUSMUSCHELN

MIT SCHARFER SAUCE ALLA MARINARA UND LINGUINE

ZUBEREITUNGSZEIT: 20 Min.
GRILLZEIT: etwa 15 Min.
ZUBEHÖR: große Einweg-Aluschale, 2 Handvoll Holz-Chips, z. B. Eiche, Erle, Apfel oder Kirsche (mind. 30 Min. gewässert)
SCHÄRFEGRAD: 6/10

Für die Sauce

- 4 EL Olivenöl
- 1 kleine Zwiebel, fein gewürfelt
- 3 Thai-Chilischoten, entkernt, sehr fein gehackt
- 3 große Knoblauchzehen, sehr fein gehackt
- 125 ml trockener Weißwein
- 2 Dosen (je 400 g) gewürfelte Tomaten, mit etwas Rauchsalz gewürzt
- 2 Chipotle-Chilischoten in Adobo-Sauce (TexMex-Regal), fein gehackt
- 1 EL Adobo-Sauce (von den Chipotle-Chilis)
- 2 eingelegte Sardellenfilets, sehr fein gehackt, oder 1 TL Sardellenpaste nach Belieben
- ½ TL grobes Meersalz
- ½ TL gemahlener schwarzer Pfeffer

- grobes Meersalz
- 36 Venusmuscheln, unter fließendem kaltem Wasser abgespült und abgebürstet
- 350 g Linguine (italienische flache lange Nudeln)
- 3 EL fein gehackte Basilikum- oder glatte Petersilienblätter

1. Für die Sauce das Öl in einer großen Pfanne auf mittlerer bis hoher Stufe erhitzen. Zwiebel, Thai-Chilis und Knoblauch im heißen Öl in etwa 4 Min. leicht bräunen, dabei gelegentlich umrühren. Mit dem Wein aufgießen und aufkochen lassen, dann die restlichen Zutaten für die Sauce unterrühren und erneut zum Kochen bringen. Die Hitze auf mittlere bis kleine Stufe stellen und die Sauce etwa 10 Min. köcheln lassen; ab und zu umrühren.

2. Den Grill für direkte mittlere Hitze (175–230 °C) vorbereiten.

3. In einem großen Topf Wasser zum Kochen bringen und salzen. 250 ml von der Sauce abmessen und in die große Aluschale geben (die Muscheln sollten darin in einer Lage Platz haben). Die Muscheln in die Sauce einlegen. Die Holz-Chips abtropfen lassen und direkt auf die Holzkohleglut oder nach Herstelleranweisung in die Räucherbox des Gasgrills geben und den Deckel schließen. Sobald Rauch entsteht, die Schale mit den Muscheln über ***direkte mittlere Hitze*** stellen und die Muscheln bei geschlossenem Deckel etwa 15 Min. dämpfen, bis sie sich geöffnet haben, dabei gelegentlich umrühren. Anschließend ungeöffnete Muscheln aussortieren und wegwerfen. Inzwischen die Nudeln in dem großen Topf im kochenden Wasser garen.

4. Nudeln abgießen und abtropfen lassen, dann mit der Sauce in der Pfanne vermischen. Die Nudeln auf einzelnen Tellern anrichten und auf jede Nudelportion 9 Muscheln geben. Nach Belieben noch die Sauce aus der Schale über Muscheln und Nudeln träufeln, dabei auf eventuelle Sandreste achten, die sich während des Dämpfens der Muscheln abgesetzt haben. Jeden Teller mit Basilikum oder Petersilie bestreuen und sofort servieren.

FÜR 4 PERSONEN

KABELJAU VON DER GRILLPLATTE

IN SCHARFER ESCABECHE

ZUBEREITUNGSZEIT: 40 Min.
GRILLZEIT: 4–6 Min.
MARINIERZEIT: 6–48 Std.
ZUBEHÖR: Grillplatte, Gummihandschuhe
SCHÄRFEGRAD: 8/10

Für die Escabeche

1 Habanero-Chilischote
3 EL Olivenöl
1 große Zwiebel, längs geviertelt, in feine Streifen geschnitten
3 Knoblauchzehen, fein gehackt
fein abgeriebene Schale und Saft von 3 Bio-Zitronen, 3 Bio-Orangen und 3 Bio-Limetten
2 EL Rotweinessig
½ TL grobes Meersalz
¼ TL gemahlener schwarzer Pfeffer
2 EL fein gehackte glatte Petersilienblätter

4 Kabeljaufilets ohne Haut (je etwa 180–200 g schwer und 2 cm dick)
Olivenöl
1 EL Chilipulver (Gewürzmischung)

TIPP!

Escabeche wurde von den Mauren nach Spanien gebracht, wo sie eine beliebte Methode der Fischkonservierung wurde. Diese sehr säurehaltige Marinade ist vergleichbar mit einer Beize. Klassischerweise wird roher Fisch in Escabeche mariniert, was ihn gleichzeitig „gart“. In unserer Version verleiht das kurze Grillen den Fischfilets eine zusätzliche rauchige Note, die eine wunderbar Ergänzung zur Schärfe der Escabeche ist.

1. Den Grill für direkte starke Hitze (230–290 °C) vorbereiten und die Grillplatte vorheizen.

2. Mit Gummihandschuhen (damit schützen Sie sich vor Hautreizungen) Stiel und Kerne der Habanero-Chilischote entfernen und die Schote anschließend ganz fein hacken. Das Öl in einer großen Pfanne auf mittlerer bis starker Stufe erhitzen. Die Zwiebelstreifen darin in etwa 3 Min. glasig dünsten, dann die fein gehackten Chilis und den Knoblauch 1 Min. mitdünsten. Schale und Saft der Zitrusfrüchte, Essig, Salz und Pfeffer dazugeben und die Mischung zum Kochen bringen. Die Pfanne vom Herd nehmen und die Petersilienblätter unterrühren.

3. Die Fischfilets auf beiden Seiten großzügig mit Öl bestreichen und gleichmäßig mit dem Chilipulver würzen. Die Filets nebeneinander auf die heiße Grillplatte legen und über ***direkter starker Hitze*** bei geschlossenem Deckel 4–6 Min. grillen, bis das Fischfleisch knapp gar und noch saftig ist, dabei einmal wenden. Die gegrillten Filets in eine große flache, säurefeste Form geben, mit der Escabeche übergießen und bei Raumtemperatur abkühlen lassen. Anschließend in der abgedeckten Form mind. 6 Std. oder bis zu 2 Tage im Kühlschrank durchziehen lassen.

4. Die Fischfilets 1 Std. vor dem Servieren aus dem Kühlschrank nehmen. Die raumtemperierten Filets mit etwas Escabeche beträufelt servieren.

FÜR 4 PERSONEN, FÜR 8 PERSONEN ALS VORSPEISE

SCHARFE FISCHFILETS
MIT MANGO-AVOCADO-SALSA

ZUBEREITUNGSZEIT: 20 Min.
RUHEZEIT: 30 Min.
GRILLZEIT: 4–5 Min.
ZUBEHÖR: gelochte Grillpfanne
SCHÄRFEGRAD: 7/10

Für die Salsa

2 Mangos (je etwa 300 g), das Fruchtfleisch in 1 cm große Würfel geschnitten
4 EL fein gewürfelte rote Paprikaschote
2 Frühlingszwiebeln, nur die weißen und hellgrünen Teile schräg in feine Ringe geschnitten
3 EL grob gehackte Korianderblätter
1 ½ EL frisch gepresster Limettensaft
1 EL scharfe Chili-Knoblauch-Sauce (z. B. Sriracha)
½ TL grobes Meersalz
¼ TL Tabasco
1 kleine Avocado

Für die Würzmischung

2 TL gemahlener Koriander
1 ½ TL gemahlener Kreuzkümmel
1 TL Chipotle- oder Ancho-Chilipulver
1 TL grobes Meersalz
½ TL gemahlener schwarzer Pfeffer
¼ TL Cayennepfeffer

4 festfleischige weiße Fischfilets ohne Haut (aus dem Mittelstück von z. B. Heilbutt oder Kohlenfisch), je etwa 200 g schwer und 2 ½ cm dick
Öl
2 TL frisch gepresster Zitronensaft

1. Für die Salsa in einer mittelgroßen Schüssel die Mangowürfel mit der gewürfelten Paprika, den Frühlingszwiebeln, Korianderblättern, Limettensaft, Chili-Knoblauch-Sauce, Salz und Tabasco behutsam vermischen und etwa 30 Min. in den Kühlschrank stellen. Die Salsa nicht länger als 1 Std. kühlen, sonst werden die Mangowürfel matschig. Kurz vor dem Servieren das Fruchtfleisch der Avocado würfeln und unterheben.

2. In einer kleinen Schüssel die Zutaten für die Würzmischung vermengen. Die Fischfilets auf beiden Seiten großzügig mit Öl bestreichen und gleichmäßig mit der Würzmischung bestreuen.

3. Den Grill für direkte mittlere bis starke Hitze (200–260 °C) vorbereiten und die Grillpfanne vorheizen.

4. Die Fischfilets in der Grillpfanne über ***direkter mittlerer bis starker Hitze*** bei geschlossenem Deckel 4–5 Min. grillen, dabei die Filets nach 3 Min. mit einem Fischwender aus Metall vorsichtig wenden, bis das Fischfleisch auch im Kern nicht mehr glasig, aber noch schön saftig ist.

5. Vom Grill nehmen, nebeneinander auf einer Servierplatte anrichten und jedes Filet mit ½ TL Zitronensaft beträufeln. Mango-Avocado-Salsa neben die Filets löffeln und sofort servieren.

FÜR 4 PERSONEN

HEILBUTT IN JERK-MARINADE
MIT PAPAYASALAT

ZUBEREITUNGSZEIT: 40 Min.
MARINIERZEIT: 1–2 Std.
GRILLZEIT: 8–10 Min.
SCHÄRFEGRAD: 6/10

Für die Marinade

6 EL Olivenöl
1 EL sehr fein gehackter Ingwer
3 Knoblauchzehen, sehr fein gehackt
3 kleine Thai-Chilischoten, mit den Kernen in feine Ringe geschnitten
1 TL gemahlener Piment
½ TL geriebene Muskatnuss
¼ TL Zimtpulver
2 EL Vollrohrzucker
1 ½ EL fein gehackte Thymianblättchen
3 Frühlingszwiebeln, in feine Ringe geschnitten
5 EL frisch gepresster Limettensaft

grobes Meersalz
gemahlener schwarzer Pfeffer
4 Heilbuttfilets ohne Haut (je etwa 180 g schwer und 4 cm dick)

Für das Dressing

2 TL fein abgeriebene Bio-Limettenschale
3 EL frisch gepresster Limettensaft
2 EL Vollrohrzucker
1 ½ EL Olivenöl

1 große reife, aber feste Papaya, das Fruchtfleisch in 2 cm große Stücke geschnitten
4 Handvoll grob zerpflückte Kopfsalatblätter
½ Bund Koriandergrün, die Blätter abgezupft
5 EL grob gehackte gesalzene, geröstete Cashewkerne

1. Für die Marinade 2 EL Öl in einer Pfanne auf mittlerer bis hoher Stufe erhitzen. Ingwer, Knoblauch und Chilis 1 Min. im heißen Öl pfannenrühren. Piment, Muskatnuss und Zimt zugeben und rühren, bis sie aromatisch duften. Zucker und Thymian zufügen und den Zucker unter Rühren in etwa 1 Min. schmelzen lassen. Die Mischung etwas abkühlen lassen, dann in der Küchenmaschine mit Frühlingszwiebeln, Limettensaft, 1 TL Salz, ¾ TL Pfeffer und den restlichen 4 EL Öl mixen, bis sich die Zutaten verbunden haben. Von der Marinade 60 ml abmessen und in einer kleinen Schüssel bis zum Servieren abgedeckt kalt stellen. 1 Std. vor dem Servieren Raumtemperatur annehmen lassen.

2. Fischfilets in eine Glasschüssel geben, mit der übrigen Marinade übergießen und darin wenden. Abgedeckt 1–2 Std. kalt stellen; ab und zu wenden.

3. Den Grill für direkte starke Hitze (230–290 °C) vorbereiten.

4. Die Dressingzutaten in einer kleinen Schüssel mit ½ TL Salz und ½ TL Pfeffer verquirlen. Papayastücke in eine andere Schüssel geben und mit 2 EL Dressing beträufeln. In einer mittelgroßen Schüssel Salat- und Korianderblätter mischen.

5. Den Grillrost mit der Bürste reinigen. Die Fischfilets über ***direkter starker Hitze*** bei geschlossenem Deckel 8–10 Min. grillen, dabei einmal wenden, bis das Fleisch beim Einstechen mit einer Messerspitze fast blättrig zerfällt. Die Filets auf Tellern anrichten und mit der raumtemperierten Marinade zum Servieren beträufeln. Die Salatblätter mit dem übrigen Dressing anmachen und auf den Tellern verteilen. Auf die Salatblätter jeweils Papayastücke und Cashewkerne geben und sofort servieren.

FÜR 4 PERSONEN

KUBANISCHE THUNFISCH-TACOS

ZUBEREITUNGSZEIT: 30 Min.
MARINIERZEIT: 1 Std.
GRILLZEIT: 8–10 Min.
SCHÄRFEGRAD: 7/10

Für die Marinade

1 große Schalotte, sehr fein gewürfelt
4 EL grob gehackte Korianderblätter
3 EL Olivenöl
3 EL frisch gepresster Zitronensaft
2 TL sehr fein gehackter Knoblauch
1 TL gemahlener Kreuzkümmel
½ TL grobes Meersalz
½ TL Cayennepfeffer

1 Steak vom Gelbflossenthunfisch (250–300 g schwer und etwa 3 cm dick)

Für die Salsa

2 Eiertomaten, entkernt, in ½ cm große Würfel geschnitten
100 g schwarze Bohnen aus der Dose, abgespült und abgetropft
4 EL fein gewürfelte weiße Zwiebeln, abgespült und abgetropft
2 EL fein gehackte Korianderblätter
2 EL fein gehackte Chipotle-Chilischoten in Adobo-Sauce (TexMex-Regal)
¾ TL grobes Meersalz
¼ TL gemahlener schwarzer Pfeffer

4 Weizentortillas (25 cm Ø)
¼ Kopf Eisbergsalat, die Blätter in Streifen geschnitten
1 Avocado, das Fruchtfleisch gewürfelt
2 Limetten, jeweils in vier Spalten geschnitten

1. In einer säurefesten Schüssel mittlerer Größe die Zutaten für die Marinade verrühren. Die Hälfte der Marinade abmessen und in eine kleine Auflaufform geben. Das Thunfischsteak einlegen und mit den Fingern die Marinade auf beiden Seiten einreiben. Abgedeckt 1 Std. kalt stellen. Die übrige Marinade in der Schüssel beiseitestellen.

2. Den Grill für direkte und indirekte mittlere bis starke Hitze (200–260 °C) vorbereiten.

3. In einer mittelgroßen Schüssel die Zutaten für die Salsa mischen. Die Tortillas aufeinandergestapelt in Alufolie einschlagen.

4. Den Grillrost mit der Bürste reinigen. Den Thunfisch über ***direkter mittlerer bis starker Hitze*** bei geschlossenem Deckel 8–10 Min. grillen, bis er auch im Kern gerade nicht mehr glasig ist, dabei einmal wenden. Während der letzten 2 Min. Grillzeit, das Folienpäckchen mit den Tortillas über indirekte Hitze legen und nach der Hälfte der Zeit einmal wenden. Das gegrillte Thunfischsteak auf einem Schneidebrett in 2½ cm große Würfel schneiden. Die Fischwürfel zügig mit der beiseitegestellten Marinade in der Schüssel vermischen.

5. Auf die Tortillas jeweils warmen Thunfisch, Salatstreifen, Salsa und Avocadowürfel geben und über jede Tortilla 2 Limettenviertel ausdrücken. Sofort servieren.

FÜR 4 PERSONEN

TILAPIA
MIT SÜSSKARTOFFELN UND SENF-ZITRONEN-AÏOLI

ZUBEREITUNGSZEIT: 30 Min.
GRILLZEIT: 15–20 Min.
ZUBEHÖR: gusseiserne Grillplatte
SCHÄRFEGRAD: 6/10

Für die Aïoli
100 g Mayonnaise
2 EL scharfer Senf
2 EL fein gehackte Basilikumblätter
2 EL Schnittlauchröllchen
1 TL fein abgeriebene Bio-Zitronenschale
2 TL frisch gepresster Zitronensaft
1 TL Tabasco

Olivenöl
grobes Meersalz
gemahlener schwarzer Pfeffer
500 g Süßkartoffeln, geschält, quer in ½ cm dicke Scheiben geschnitten
150 g Mehl
1 TL Küchennatron
330 ml Bier (vorzugsweise Lager)
1 ½ TL Tabasco
600 g Tilapia- oder Kabeljaufilets (möglichst von Wildfischen), jeweils längs halbiert und quer in 3 Stücke geschnitten
1 Bio-Zitrone, in Spalten geschnitten

1. Den Grill für direkte starke Hitze (230–290 °C) vorbereiten und die Grillplatte vorheizen.

2. In einer kleinen Schüssel die Zutaten für die Aïoli vermischen. Bis zum Servieren abgedeckt kalt stellen.

3. In einer mittelgroßen Schüssel 1 EL Öl mit 1 TL Salz und ½ TL Pfeffer verrühren. Die Süßkartoffelscheiben in die Schüssel geben und mit dem Würzöl überziehen.

4. In einer großen Schüssel das Mehl mit 1½ TL Salz, 1 TL Pfeffer und dem Natron mischen. Bier und Tabasco zufügen und kräftig mit dem Mehl verrühren, anschließend die Fischstücke behutsam unter den Teig heben.

5. Auf die Grillplatte 3 EL Öl geben und den Grilldeckel schließen. Wenn das Öl heiß ist, die Süßkartoffelscheiben in einer Lage auf der Grillplatte verteilen und über ***direkter starker Hitze*** bei geschlossenem Deckel 7–8 Min. grillen, bis sie goldbraun und weich sind, dabei ein- bis zweimal wenden. Die Hitze im Grill gegebenenfalls reduzieren, sollten die Süßkartoffeln zu schnell bräunen. Süßkartoffeln auf einen vorgewärmten Teller geben. Mit einem Schaumlöffel die Hälfte der Fischstücke nebeneinander auf die heiße Grillplatte legen und die Stücke bei geschlossenem Deckel 4–6 Min. grillen, dabei einmal wenden, bis sie außen kräftig goldbraun sind und das Fischfleisch im Inneren nicht mehr glasig, aber noch schön saftig ist. Nach Bedarf esslöffelweise weiteres Öl auf die Grillplatte geben und die restlichen Fischstücke genauso grillen. Während der letzten Grillminute die Zitronenspalten auf dem Grillrost über direkte Hitze legen, dabei einmal wenden.

6. Gegrillte Süßkartoffelscheiben und Fischstücke auf vier Tellern anrichten, daneben jeweils etwas Aïoli klecksen und Fisch und Süßkartoffeln warm mit den gegrillten Zitronenspalten servieren.

FÜR 4 PERSONEN

GERÄUCHERTE TANDOORI-LACHSFILETS

MIT ESTRAGON-SENF-SAUCE

ZUBEREITUNGSZEIT: 30 Min.
MARINIERZEIT: 4–6 Std.
GRILLZEIT: 6–10 Min.
ZUBEHÖR: 1 Handvoll Hickoryholz-Chips (mind. 30 Min. gewässert)
SCHÄRFEGRAD: 6/10

Für die Würzpaste

1 EL Paprikapulver
2 TL gemahlener Koriander
2 TL gemahlener Kreuzkümmel
2 TL Garam Masala
1 TL fein geriebener Ingwer
1 TL Kurkuma
½ TL Cayennepfeffer
200 g griechischer Naturjoghurt
3 EL frisch gepresster Zitronensaft
2 EL Öl
4 Knoblauchzehen, sehr fein gehackt
1 TL grobes Meersalz
½ TL gemahlener schwarzer Pfeffer

4 Lachsfilets mit Haut (180–250 g schwer und etwa 2½ cm dick), entgrätet

Für die Sauce

125 ml trockener Weißwein
5 EL sehr fein gewürfelte Schalotten
1 EL gelbe Senfkörner
200 g Sahne
2 EL fein gehackte Estragonblätter
1 EL scharfer Senf
¼ TL grobes Meersalz
¼ TL gemahlener schwarzer Pfeffer

Öl

1. In einer Pfanne Paprikapulver, Koriander, Kreuzkümmel, Garam Masala, Ingwer, Kurkuma und Cayennepfeffer auf mittlerer Stufe 1–2 Min. unter gelegentlichem Rühren rösten, bis sie aromatisch duften und etwas Farbe angenommen haben. Die gerösteten Gewürze in eine Schüssel geben und mit den restlichen Zutaten für die Würzpaste vermischen. 2 EL von der Paste abnehmen und bis zur Verwendung abgedeckt kalt stellen. Die Lachsfilets in eine Glasschüssel legen und auf beiden Seiten mit der übrigen Würzpaste bestreichen. Im Kühlschrank abgedeckt 4–6 Std. ziehen lassen.

2. In einem Topf Wein, Schalotten und Senfkörner verrühren. Auf hoher Stufe aufkochen und in 2–4 Min. auf etwa 3 EL einkochen lassen. Mit der Sahne aufgießen und 1–2 Min. sanft köcheln lassen, bis die Mischung etwas eindickt. Den Topf vom Herd nehmen. Estragon, Senf, Salz und Pfeffer unterrühren, anschließend 1 EL von der aufbewahrten Würzpaste. Abschmecken und nach Belieben teelöffelweise weitere Paste unterrühren. Vor dem Servieren die Sauce kurz aufwärmen.

3. Den Grill für direkte starke Hitze (230–290 °C) vorbereiten. Den Grillrost mit der Bürste reinigen. Die Lachsfilets auf beiden Seiten mit Öl bepinseln. Holz-Chips abtropfen lassen und direkt auf die Glut oder nach Herstelleranweisung in die Räucherbox des Gasgrills geben und den Deckel schließen. Sobald Rauch entsteht, die Fischfilets mit der Hautseite nach oben über ***direkte starke Hitze*** legen und bei geschlossenem Deckel 6–10 Min. grillen, bis sie halb durch sind, dabei nach 5–7 Min. einmal wenden. Mit einem Grillwender die Filets von der Haut abheben, auf Tellern anrichten und mit warmer Sauce beträufelt servieren.

FÜR 4 PERSONEN

GEGRILLTER LACHS

MIT RAUCHIGER TOMATEN-CHILI-SAUCE

ZUBEREITUNGSZEIT: 20 Min., plus etwa 45 Min. für die Sauce
GRILLZEIT: 8–11 Min.
ZUBEHÖR: 3/10

Für die Sauce

2 EL Olivenöl
½ mittelgroße rote Zwiebel, fein gewürfelt
2 TL fein gehackter Knoblauch
1 TL getrockneter Oregano
1 Dose (800 g Inhalt) geschälte Tomaten in Tomatensaft
1 Chipotle-Chilischote in Adobo-Sauce (TexMex-Regal)
½ TL Zucker
½ TL grobes Meersalz
¼ TL gemahlener schwarzer Pfeffer

4 Lachsfilets mit Haut (je 180–250 g schwer und etwa 2½ cm dick), entgrätet
Olivenöl
grobes Meersalz
gemahlener schwarzer Pfeffer

1. Für die Sauce das Öl in einem mittelgroßen Topf auf mittlerer bis hoher Stufe erhitzen und die Zwiebelwürfel darin in 4–5 Min. weich dünsten, dabei ab und zu umrühren. Knoblauch und Oregano 1 Min. mitdünsten, bis der Knoblauch leicht gebräunt ist. Die restlichen Saucenzutaten dazugeben, die Mischung aufkochen lassen, dann auf kleiner Stufe 30–40 Min. köcheln lassen; ab und zu umrühren und dabei die Tomaten mit dem Rücken eines Löffels zerdrücken. Die Sauce vorsichtig in die Rührschüssel der Küchenmaschine oder in den Mixer gießen und glatt pürieren. Zurück in den Topf füllen und auf kleiner Stufe warm halten.

2. Den Grill für direkte starke Hitze (230–290 °C) vorbereiten.

3. Die Lachsfilets auf beiden Seiten großzügig mit Öl einpinseln und gleichmäßig mit Salz und Pfeffer würzen. Den Grillrost mit der Bürste reinigen. Die Filets mit der Hautseite nach oben über ***direkter starker Hitze*** bei geschlossenem Deckel 6–8 Min. grillen, bis sie sich leicht vom Rost heben lassen, ohne an ihm haften zu bleiben. Die Filets wenden und bis zum gewünschten Gargrad weitergrillen, 2–3 Min. für halb durch. Mit einem Grillwender die Filets von der Haut abheben und auf Tellern anrichten. Warm mit der Sauce servieren. Als Beilage zu den Filets passen die gefüllten Zucchini (siehe Seite 121) gut.

FÜR 4 PERSONEN

KARTOFFEL-FORELLEN-SALAT
MIT RUCOLA

ZUBEREITUNGSZEIT: 15 Min.
GRILLZEIT: etwa 15 Min.
ZUBEHÖR: gelochte Grillpfanne
SCHÄRFEGRAD: 5/10

600 g rote oder gelbe Kartoffeln, gewaschen und abgebürstet, mit der Schale längst halbiert
1 ½ EL Olivenöl
½ TL grobes Meersalz
½ TL Cayennepfeffer
¼ TL gemahlener schwarzer Pfeffer

Für die Vinaigrette
6 EL Olivenöl
2 EL Rot- oder Weißweinessig
2 EL Dijon-Senf
2 TL Meerrettich (Glas)
½ TL grobes Meersalz
¼ TL Cayennepfeffer

1 mittelgroße rote Zwiebel, quer in 1 ¼ cm dicke Scheiben geschnitten
Olivenöl
grobes Meersalz
gemahlener schwarzer Pfeffer
5 Handvoll zarte Rucolablätter (125–150 g), gewaschen und trockengeschleudert
300 g geräucherte Forellenfilets, das Fischfleisch mit einer Gabel zerpflückt

1. Den Grill für direkte mittlere Hitze (175–230 °C) vorbereiten und die Grillpfanne vorheizen.

2. In einer mittelgroßen Schüssel die ungeschälten Kartoffelhälften mit Öl, Salz, Cayenne- und schwarzem Pfeffer gründlich vermischen.

3. In einer großen Salatschüssel die Zutaten für die Vinaigrette mit einem Schneebesen glatt rühren.

4. Den Grillrost mit der Bürste reinigen. Die Zwiebelscheiben auf beiden Seiten mit Öl einpinseln und mit etwas Salz und Pfeffer würzen. Kartoffeln und Zwiebelscheiben in einer Lage auf der Grillpfanne verteilen und über ***direkter mittlerer Hitze*** bei geschlossenem Deckel etwa 15 Min. grillen, bis sie weich und leicht gebräunt sind, dabei gelegentlich wenden. Vom Grill nehmen, auf einem Schneidebrett etwa 5 Min. abkühlen lassen, anschließend Zwiebel und Kartoffeln grob würfeln.

5. Zwiebel- und Kartoffelwürfel mit dem Rucola zur Vinaigrette in die Schüssel geben und behutsam durchmischen. Den Kartoffelsalat auf einzelne Teller verteilen und darauf die zerpflückten Forellenfilets anrichten. Sofort servieren.

FÜR 4–6 PERSONEN

TIPP!
Im Prinzip lässt sich jede Kartoffelsorte über direkter Hitze grillen, sofern die rohen Kartoffeln vorher in Stücke von wenigen Zentimetern Dicke geschnitten werden. Auf diese Weise vorbereitet, können die Kartoffeln durchgaren, ohne außen zu dunkel zu werden.

SÜSSER UND PIKANTER KNABBER-MIX

ZUBEREITUNGSZEIT: 10 Min.
KÜHLZEIT: etwa 1 Std.
GRILLZEIT: etwa 1 Std.
ZUBEHÖR: 2 große Einweg-Aluschalen
SCHÄRFEGRAD: 7/10

Für den süßen Knabber-Mix

130 g geschälte Kürbiskerne
150 g Mandelkerne
2 EL Butter, zerlassen
1 EL Honig
1 EL brauner Zucker
1 TL Zimtpulver
1 TL grobes Meersalz
½ TL Cayennepfeffer
¼ TL geriebene Muskatnuss

Für den pikanten Knabber-Mix

130 g geschälte Kürbiskerne
150 g Mandelkerne
150 g geröstete Erdnusskerne
2 TL scharfes Chiliöl
1 TL Olivenöl
1 TL grobes Meersalz
1 TL Paprikapulver
½ TL Cayennepfeffer
1 TL Worcestersauce

1. Den Grill für indirekte schwache Hitze (120–175 °C) vorbereiten.

2. Für den süßen Mix die Kürbis- und Mandelkerne gleichmäßig in einer der Aluschalen verteilen. Die Schale über ***indirekte schwache Hitze*** stellen und die Kerne bei geschlossenem Deckel etwa 15 Min. rösten, bis sie aromatisch duften und etwas Farbe angenommen haben, dabei gelegentlich durchrühren. Die Schale vom Grill nehmen.

3. In einer kleinen Schüssel die restlichen Zutaten für den süßen Mix vermischen. Zu den gerösteten Kernen in die Schale geben und gut durchmischen. Die Schale erneut über ***indirekte schwache Hitze*** stellen und den Mix bei geschlossenem Deckel weitere 20–25 Min. rösten, dabei gelegentlich durchrühren. Vom Grill nehmen, 1 Std. abkühlen lassen, anschließend in mundgerechte Stücke brechen.

4. Für den pikanten Mix die Kürbis- und Mandelkerne gleichmäßig in der zweiten Aluschale verteilen. Die Schale über ***indirekte schwache Hitze*** stellen und die Kerne bei geschlossenem Deckel etwa 15 Min. rösten, bis sie aromatisch duften und etwas Farbe angenommen haben, dabei gelegentlich durchrühren. Die Schale vom Grill nehmen und die Erdnüsse untermischen.

5. In einer kleinen Schüssel die beiden Öle mit den Gewürzen und der Worcestersauce verrühren. Über den Mix in der Aluschale träufeln und alles gut vermischen. Die Schale erneut über ***indirekte schwache Hitze*** stellen und den Mix bei geschlossenem Deckel weitere 5–7 Min. rösten, dabei ein- bis zweimal durchrühren. Die Schale vom Grill nehmen, den Mix auf Küchenpapier ausbreiten und abkühlen lassen.

6. Den süßen und pikanten Knabber-Mix in separaten Schüsseln oder Schalen servieren. Andernfalls luftdicht verschlossen aufbewahren.

FÜR 20 PERSONEN ALS VORSPEISE

AUBERGINENMUS
MIT PITA-ECKEN

ZUBEREITUNGSZEIT: 10 Min.
ABTROPFZEIT: 30–120 Min. (oder über Nacht im Kühlschrank)
GRILLZEIT: etwa 1 Std.
SCHÄRFEGRAD: 4/10

2 große Auberginen (etwa 1 kg)
1 Ei (Größe L)
1 große Knoblauchzehe, fein gehackt
1 kleine Thai-Chilischote, entkernt, fein gehackt
grobes Meersalz
¼ TL gemahlener schwarzer Pfeffer
½ TL Weißweinessig
Olivenöl
1 EL fein gehackte Koriander-, Minze- oder glatte Petersilienblätter
Zitronenspalten
5 Pita-Brote, jeweils wie eine Torte in 8 Stücke geschnitten

1. Den Grill für direkte und indirekte mittlere Hitze (175–230 °C) vorbereiten.

2. Den Grillrost mit der Bürste reinigen. Die ganzen Auberginen über ***direkter mittlerer Hitze*** bei geschlossenem Deckel etwa 10 Min. grillen, dabei gelegentlich wenden, bis ihre Haut leicht verkohlt ist. Anschließend über ***indirekte mittlere Hitze*** legen und die Auberginen 50–60 Min. bei geschlossenem Deckel weitergrillen, bis die Früchte sehr weich sind und zu schrumpfen beginnen, dabei alle 15–20 Min. wenden. Sollte die Haut der Auberginen anschließend von selbst aufgeplatzt sein, die Auberginen mit dieser Seite nach unten in ein Sieb geben. Andernfalls die Haut der Auberginen mit einem Messer einschneiden. Das Sieb über eine große Schüssel (oder ins Spülbecken) hängen und die Früchte mind. 30 Min. oder bis zu 2 Std. abtropfen lassen (oder Sieb und Schüssel über Nacht in den Kühlschrank stellen und die Auberginen vorher mit Küchenpapier abdecken).

3. Die Haut der Auberginen abziehen und wegwerfen (keine Sorge, wenn sie sich nicht vollständig entfernen lässt, kleine schwarze Flecken verleihen dem Mus ein angenehm rauchiges Aroma). Das Auberginenfruchtfleisch behutsam ausdrücken, um noch mehr überschüssige Flüssigkeit zu entfernen, dann in grobe Stücke schneiden und dabei größere Samenstücke aus dem Fruchtfleisch entfernen und wegwerfen.

4. Das Ei in einen kleinen Topf legen, mit kochendem Wasser bedecken und genau 1 Min. im heißen Wasser ziehen lassen.

5. Auberginenstücke mit Knoblauch, Thai-Chili, ¾ TL Salz, dem Pfeffer und Essig in die Küchenmaschine geben und das Ei zufügen. Die Auberginenmischung sehr fein pürieren, dabei gegebenenfalls Reste an der Schüsselwand wieder in die Mischung einarbeiten und mitpürieren. Bei laufendem Motor langsam 160 ml Olivenöl einlaufen lassen und untermixen, bis ein glattes, nicht zu dickes Mus entsteht.

6. Das Auberginenmus in eine Servierschüssel umfüllen und mit den gehackten Kräutern vermischen. Abgedeckt 1 Std. im Kühlschrank durchziehen lassen (das Auberginenmus kann bis zu 1 Tag im Kühlschrank gelagert werden). 30 Min. vor dem Servieren wieder Raumtemperatur annehmen lassen, anschließend das Auberginenmus mit Salz abschmecken, etwas Zitronensaft darüber ausdrücken und mit 1 TL Olivenöl beträufeln. Mit den Pita-Ecken servieren.

FÜR 6–8 PERSONEN

MUFFULETTA-SANDWICH
MIT GEGRILLTEM GEMÜSE

ZUBEREITUNGSZEIT: 45 Min.
GRILLZEIT: etwa 8 Min.
RUHEZEIT: 1–3 Std.
SCHÄRFEGRAD: 8/10

Für das Relish

130 g entsteinte schwarze Oliven in Salzlake, abgetropft, grob gewürfelt
2 EL eingelegte grüne Pfefferkörner, abgetropft, gehackt
1 EL fein gehackter Knoblauch
2 TL Rotweinessig
1 TL rote Chiliflocken
1 TL Cayennepfeffer
½ TL getrockneter Thymian oder Majoran

Olivenöl
gemahlener schwarzer Pfeffer
grobes Meersalz
1 mittelgroße weiße oder gelbe Zwiebel, quer in 1 cm dicke Scheiben geschnitten
2 Zucchini, längs in ½ cm dicke Scheiben geschnitten
3 längliche, schmale Auberginen (vorzugsweise japanische), längs in ½ cm dicke Scheiben geschnitten
2 große rote Paprikaschoten, jeweils in vier flache Stücke geschnitten
1 großes Stangenweißbrot mit weicher Krume (etwa 30 cm lang und 8–10 cm breit)
½ Glas (etwa 120 g) Basilikumpesto
30 g zarte Rucolablätter, gewaschen und trockengeschleudert
120 g Provolone in dünnen Scheiben (ital. Schnittkäse)

1. Den Grill für direkte mittlere Hitze (175–230 °C) vorbereiten.

2. In einer großen Schüssel die Zutaten für das Relish zusammen mit 2 EL Öl, 1 TL Pfeffer und ½ TL Salz mischen.

3. Zwiebel-, Zucchini- und Auberginenscheiben sowie die Paprikastücke auf beiden Seiten dünn einölen und mit Salz und Pfeffer würzen.

4. Den Grillrost mit der Bürste reinigen. Das Gemüse über ***direkter mittlerer Hitze*** bei geschlossenem Deckel grillen, bis es stellenweise leicht verkohlt und sehr weich ist, dabei ein- bis zweimal wenden. Die Zucchini brauchen etwa 4 Min., die Paprikastücke 6–8 Min., Zwiebel und Auberginen etwa 8 Min. Zwiebel, Zucchini und Auberginen in die Schüssel zum Relish geben und durchmischen. Die Paprikastücke in einer mit Frischhaltefolie abgedeckten Schüssel 5–10 Min. ausdampfen lassen, anschließend die Haut abziehen und wegwerfen. Paprika mit Gemüse und Relish vermischen.

Das Gemüse wird zunächst hoch in der ausgehöhlten Brotunterseite aufgeschichtet. Sobald es jedoch mit dem Brotdeckel abgedeckt und mit Gewichten beschwert wird, wird es so stark zusammengepresst, dass keine Luftlöcher entstehen und das Sandwich vor dem Servieren leicht in Stücke geschnitten werden kann.

5. Von dem Brot der Länge nach einen Deckel (etwa ein Drittel des Brotes) abschneiden. Aus der Brotunterseite die weiche Krume bis auf einen 1 ¼ cm dicken Rand entfernen. Den Brotdeckel ebenfalls etwas aushöhlen.

6. Brotdeckel und Brotunterseite innen mit Pesto bestreichen, anschließend die Unterseite mit der Hälfte der Gemüse-Relish-Mischung füllen, dabei das Gemüse über die Länge des Brots gleichmäßig verteilen und fest andrücken, sodass keine Luftlöcher entstehen. Auf die Gemüseschicht zuerst eine Lage Rucola, dann den Käse geben und die Zutaten erneut fest andrücken. Die restliche Gemüse-Relish-Mischung darauf längs auslegen, mit dem Brotdeckel abdecken und das gefüllte Sandwich fest andrücken. Das Sandwich eng in mehrere Lagen Frischhaltefolie wickeln, auf ein Backblech legen, mit einem zweiten Backblech abdecken und das Backblech mit etwa 1 kg Gewicht beschweren (z. B. mit großen Konservendosen). Das Sandwich mind. 1 Std. oder bis zu 3 Std. kalt stellen. Die Muffuletta auswickeln, mit einem Sägemesser quer in sechs gleich große Stücke schneiden und sofort servieren.

FÜR 6 PERSONEN

APFEL-BETE-SALAT
MIT MEERRETTICH-DRESSING

ZUBEREITUNGSZEIT: 25 Min.
GRILLZEIT: 1–2 Std. (je nach Größe der Beten)
ZUBEHÖR: Gummihandschuhe
SCHÄRFEGRAD: 5/10

4 mittelgroße rote oder gelbe Beten (insgesamt etwa 500 g)
Olivenöl

Für das Dressing
2 mittelgroße Schalotten, fein gewürfelt
4 EL Olivenöl
2 EL frisch gepresster Zitronensaft
2 TL fein abgeriebene Bio-Zitronenschale
2 TL Meerrettich (Glas)
2 TL scharfer Senf
1 TL gemahlener schwarzer Pfeffer
¾ TL in Essig eingelegte grüne Pfefferkörner, abgetropft
½ TL grobes Meersalz

2 kleine säuerliche, knackige Äpfel, geschält, in mundgerechte Stücke geschnitten
100 g Frisée- oder Endivienherzen, die Blätter in mundgerechte Stücke gezupft
80 g Asiago- oder Pecorino romano (ital. Schnittkäse), geraspelt
60 g Walnusskerne, grob gehackt

1. Den Grill für indirekte mittlere Hitze (175–230 °C) vorbereiten.

2. Blättrige Enden und Wurzeln der Beten wegschneiden, dabei aber nicht die Haut verletzen. Die Knollen unter fließendem kaltem Wasser abbürsten und trockentupfen, anschließend rundherum dünn mit Öl bepinseln. Den Grillrost mit der Bürste reinigen. Die Beten über ***indirekter mittlerer Hitze*** bei geschlossenem Deckel je nach Größe 1–2 Std. grillen, dabei gelegentlich wenden, bis sie weich sind (die Spitze eines Messers lässt sich dann ganz leicht einstechen). Fertige Beten vom Grill nehmen und in einer mit Frischhaltefolie abgedeckten Schüssel etwa 25 Min. lauwarm abkühlen lassen. Mit einem scharfen Gemüsemesser die Beten schälen (tragen Sie dabei Gummihandschuhe) und die Haut wegwerfen. Beten in mundgerechte Stücke schneiden und beiseitestellen.

3. In einer großen Schüssel die Zutaten für das Dressing mit einem Schneebesen glatt rühren. Äpfel, Salatblätter und die Hälfte des Käses in die Schüssel geben und gründlich mit dem Dressing vermischen. Den Apfelsalat gleichmäßig auf vier Teller verteilen und jeweils Bete, übrigen Käse und Walnüsse darauf anrichten. Sofort servieren.

FÜR 4 PERSONEN

KARTOFFELPUFFER

MIT MEERRETTICH-APFELSAUCE UND KRESSE-RADIESCHEN-SALAT

ZUBEREITUNGSZEIT: 1 Std.
GRILLZEIT: 15–20 Min.
ZUBEHÖR: große Grillplatte
SCHÄRFEGRAD: 3/10

Für die Sauce

700 g säuerliche grüne Äpfel, geschält, entkernt, in 2½ cm große Stücke geschnitten
250 ml Apfelsaft
4 EL Zucker
1 Msp. gemahlener schwarzer Pfeffer
2–3 EL Meerrettich (Glas), nach Geschmack

Für das Dressing

3 EL Olivenöl
1 EL Weißweinessig
1 TL Dijon-Senf
½ TL grobes Meersalz
½ TL gemahlener schwarzer Pfeffer

1 großes Bund Brunnenkresse, verlesen, gewaschen und trockengeschleudert
1 Bund Radieschen, gewaschen, geputzt, in feine Scheiben geschnitten
1 Ei (Größe L)
200 g Zwiebeln, fein gewürfelt
1 TL grobes Meersalz
½ TL gemahlener schwarzer Pfeffer
700 g mehligkochende Kartoffeln, geschält, in 2½ cm große Stücke geschnitten
3 EL Mehl
4 EL Rapsöl oder ein anderes Öl

1. In einem Topf die Äpfel mit Apfelsaft, Zucker und Pfeffer mischen. Zum Kochen bringen, dabei unter Rühren den Zucker auflösen. Die Hitze auf mittlere Stufe stellen und die Äpfel im offenen Topf 10–12 Min. unter gelegentlichem Rühren köcheln lassen, bis sie sehr weich sind. Den Topf vom Herd nehmen, die Apfelmischung 5 Min. abkühlen lassen, anschließend in der Küchenmaschine fast glatt, aber doch noch ein wenig stückig pürieren. Die Sauce in eine Schüssel umfüllen und 15 Min. ruhen lassen. Dann den Meerrettich unterrühren und die Sauce bis zum Servieren kalt stellen.

2. Die Zutaten für das Dressing mit dem Schneebesen verrühren und beiseitestellen. In einer weiteren Schüssel Kresse und Radieschen vermischen und abgedeckt kalt stellen. Kurz vor dem Servieren den Salat mit dem Dressing anmachen.

3. Den Grill für direkte mittlere Hitze (175–230 °C) vorbereiten und die große Grillplatte vorheizen.

4. Das Ei in einer großen Schüssel verquirlen und zwei Drittel der Zwiebeln, Salz und Pfeffer unterrühren. In der Küchenmaschine die Kartoffeln mit den übrigen Zwiebeln fein zerkleinern, bis ein kleiner Teil der Mischung püreeartig ist. Ein Sieb mit einem sauberen Küchentuch auslegen. Die Kartoffel-Zwiebel-Mischung hineingeben, fest in das Küchentuch einschlagen und so viel Flüssigkeit wie möglich ausdrücken. Die Mischung zum verquirlten Ei in die große Schüssel geben, das Mehl einstreuen und alles mit einer Gabel vermischen.

5. Die heiße Grillplatte einölen und darauf portionsweise Kartoffelpuffer backen. Dafür pro Puffer jeweils 4 EL Kartoffelteig auf die Platte geben und die Teigportionen mit dem Rücken eines Löffels etwas flach drücken. Die Puffer über ***direkter mittlerer Hitze*** bei geschlossenem Deckel jeweils 8–12 Min. backen, dabei mehrmals wenden, bis sie auf beiden Seiten schön gebräunt sind. Die Kartoffelpuffer mit der Meerrettich-Apfelsauce und dem Kresse-Radieschen-Salat servieren

FÜR 4–6 PERSONEN
(ERGIBT ETWA 14 KARTOFFELPUFFER)

CREMIGE MAISSUPPE
MIT GERÖSTETEN TOMATEN UND CHILIS

ZUBEREITUNGSZEIT: 30 Min.
GRILLZEIT: 10–12 Min.
SCHÄRFEGRAD: 8/10

4 Scheiben Baguette (je etwa 1 ¼ cm dick)
Olivenöl
3 Eiertomaten
3 grüne Thai-Chilischoten
4 frische Maiskolben, Hüllblätter entfernt
1 mittelgroße Zwiebel, fein gewürfelt
2 Knoblauchzehen, sehr fein gehackt
1 TL Chipotle-Chilipulver
grobes Meersalz
½ TL Paprikapulver
500–750 ml salzarme Hühnerbrühe
125 g Sahne
4 EL grob gehackte Koriander- oder Basilikumblätter

1. Den Grill für direkte mittlere Hitze (175–230 °C) vorbereiten.

2. Die Baguettescheiben auf beiden Seiten mit Öl einpinseln. Den Grillrost mit der Bürste reinigen. Tomaten, Chilischoten und Maiskolben über ***direkter mittlerer Hitze*** bei geschlossenem Deckel grillen, dabei gelegentlich wenden, bis die Haut der Tomaten und Chilis rundherum leicht verkohlt ist und Blasen wirft und die Maiskolben goldbraun sind. Tomaten und Chilis brauchen 8–10 Min., der Mais 10–12 Min. Während der letzten Grillminute die Baguettescheiben auf beiden Seiten auf dem Grill anrösten. Fertige Zutaten vom Grill nehmen.

3. Gegrillte Tomaten und Chilis in einer mit Frischhaltefolie abgedeckten Schüssel etwa 10 Min. ausdampfen lassen. Auf einem Schneidebrett von den Maiskolben die Körner abschneiden und davon etwa 150 g abnehmen und beiseitestellen. Von den Tomaten und Chilischoten die verkohlte Haut abziehen und wegwerfen. Die Tomaten entkernen. Die Chilis von Stiel und Kernen befreien. Tomaten und Chilis grob würfeln.

4. In einem großen Topf 1 EL Öl auf mittlerer Stufe erhitzen. Die Zwiebelwürfel darin in etwa 3 Min. etwas weich dünsten. Den Knoblauch 1 Min. mitdünsten, bis er aromatisch duftet. Gewürfelte Tomaten und Chilis, Maiskörner, Chilipulver, 1 TL Salz und das Paprikapulver dazugeben und 2 Min. andünsten. Mit 500 ml Brühe aufgießen (die Brühe sollte das Gemüse bedecken, gegebenenfalls mehr Brühe zufügen), zum Kochen bringen und auf mittlerer bis kleiner Stufe etwa 5 Min. köcheln lassen. Die Suppe anschließend in der Küchenmaschine oder im Mixer 1 Min. pürieren, dann in einem dünnen Strahl langsam die Sahne untermixen. Die pürierte Suppe zurück in den Topf geben, die beiseitegestellten ganzen Maiskörner unterrühren und die Suppe mit Salz abschmecken. Sollte sie zu dick sein, mit weiterer Brühe bis zur gewünschten Konsistenz verdünnen. Auf mittlerer bis kleiner Stufe noch einmal durchwärmen.

5. Die Maissuppe in Suppenteller oder Suppenschalen schöpfen, mit gehackten Kräutern bestreuen und jeweils mit 1 gerösteten Scheibe Baguette warm servieren.

FÜR 4 PERSONEN

GEFÜLLTE PAPRIKAHÄLFTEN
MIT CHILI-KORIANDERPESTO

ZUBEREITUNGSZEIT: 20 Min.
GRILLZEIT: etwa 1 Std.
ZUBEHÖR: große Einweg-Aluschale
SCHÄRFEGRAD: 3/10

Für die Füllung

350 g gegarter Langkornreis (warm oder raumtemperiert; entspricht etwa 140 g rohem Reis)
1 Dose (400 g Inhalt) schwarze Bohnen, abgebraust und abgetropft
120 g Ziegenkäse, zerbröckelt
1 Eiertomate, fein gewürfelt
1 Jalapeño-Chilischote, entkernt, fein gehackt
2 Frühlingszwiebeln, nur die weißen und hellgrünen Teile fein gehackt
1 TL getrockneter Oregano
1 TL fein gehackter Knoblauch
½ TL gemahlener Kreuzkümmel

grobes Meersalz
gemahlener schwarzer Pfeffer
3 große rote Paprikaschoten, längs halbiert, Trennwände und Kerne entfernt

Für das Pesto

1 Jalapeño-Chilischote, entkernt, grob zerkleinert
2 EL geröstete ungesalzene Kürbis- oder Pistazienkerne
1 mittelgroße Knoblauchzehe, zerdrückt
1 ½ Bund Koriandergrün, Blätter samt zarten Stielen abgezupft
5 EL frisch geriebener Pecorino romano (ital. Schnittkäse)
125 ml Olivenöl
1 TL frisch gepresster Zitronen- oder Limettensaft

1. Den Grill für indirekte mittlere Hitze (175–230 °C) vorbereiten.

2. In einer mittelgroßen Schüssel den gegarten Reis mit den übrigen Zutaten für die Füllung vermischen und mit Salz und Pfeffer abschmecken. Die Paprikahälften damit großzügig füllen. Die gefüllten Paprikahälften nebeneinander in die große Aluschale setzen und die Schale dicht mit Alufolie verschließen. Die gefüllten Schoten über ***indirekter mittlerer Hitze*** bei geschlossenem Deckel 45 Min. grillen. Anschließend die Alufolie abnehmen und die Schoten bei geschlossenem Deckel 15 Min. weitergrillen, bis das Fruchtfleisch weich und die Füllung leicht gebräunt ist. Inzwischen das Chili-Korianderpesto zubereiten.

3. In der Küchenmaschine oder im Mixer die Chilischote mit Kürbis- oder Pistazienkernen und dem Knoblauch fein hacken. Korianderblätter und Käse dazugeben und weitermixen, bis die Blätter grob gehackt sind. Bei laufendem Motor langsam das Öl zugießen, bis ein sämiges Pesto entsteht. In eine kleine Schüssel geben, mit Zitronensaft ansäuern und mit Salz und Pfeffer würzen. Abdecken und bei Raumtemperatur beiseitestellen, bis die Paprikaschoten fertig gegrillt sind. Die gefüllten Paprikahälften warm mit dem Pesto servieren.

FÜR 6 PERSONEN

TIPP!

Die Chilis sowohl im Pesto als auch in der Füllung sorgen für einen doppelten Schärfekick. Der Schärfegrad insgesamt wird jedoch von der Jalapeño-Sorte bestimmt, die mehr oder weniger scharf sein kann.

NUDELN MIT SOMMERLICHER GEMÜSESAUCE

UND CHILISCHARFEM RICOTTA

ZUBEREITUNGSZEIT: 20 Min.
GRILLZEIT: 8–10 Min.
SCHÄRFEGRAD: 6/10

350 g Ricotta
1 ¾ TL rote Chiliflocken

Für die Sauce

1 mittelgroße Aubergine, quer in 1 ¼ cm dicke Scheiben geschnitten
1 mittelgroße Zwiebel, quer in 1 ¼ cm dicke Scheiben geschnitten
3 EL Olivenöl
grobes Meersalz
3 Eiertomaten
2 TL fein gehackter Knoblauch

500 g Penne oder eine andere röhrenförmige Pastasorte
½ Bund Basilikum (etwa 30 g), die Blätter grob gehackt
50 g Parmesan, frisch gerieben
80 g entsteinte salzige schwarze Oliven, grob gehackt

1. Den Grill für direkte mittlere Hitze (175–230 °C) vorbereiten.

2. Wasser für die Nudeln in einem großen Topf zum Kochen bringen.

3. In einer kleinen Schüssel den Ricotta mit 1 TL Chiliflocken glatt rühren. Bei Raumtemperatur beiseitestellen, während Sie die Sauce und die Nudeln zubereiten.

4. Den Grillrost mit der Bürste reinigen. Auberginen- und Zwiebelscheiben auf beiden Seiten mit dem Öl bestreichen und salzen. Aubergine, Zwiebel und die Tomaten über ***direkter mittlerer Hitze*** bei geschlossenem Deckel 8–10 Min. grillen, dabei das Gemüse ein- bis zweimal wenden, bis die Auberginen- und Zwiebelscheiben weich sind und die Haut der Tomaten aufgeplatzt und leicht verkohlt ist. Die Zutaten vom Grill nehmen und etwas abkühlen lassen. Die Tomaten aus ihrer Haut drücken, die Haut wegwerfen. Anschließend das gesamte gegrillte Gemüse grob zerkleinern und in die Küchenmaschine geben. Knoblauch und die übrigen ¾ TL Chiliflocken zufügen und das Gemüse grob pürieren. Mit Salz würzen.

5. Die Nudeln im kochenden Wasser nach Packungsanweisung al dente garen. Von dem Nudelwasser 375 ml abnehmen, dann die Nudeln in ein Sieb abgießen und abtropfen lassen.

6. In dem nun leeren großen Topf das grob pürierte Gemüse mit zwei Drittel des gehackten Basilikums vermischen. Die Nudeln, das aufgefangene Nudelkochwasser, Käse und Oliven dazugeben und gut verrühren. Die Nudeln in einzelnen tiefen Tellern oder Schalen anrichten, auf jede Portion einen großzügigen Löffel Chili-Ricotta klecksen und mit übrigem Basilikum bestreut sofort servieren.

FÜR 4–6 PERSONEN

ZUCCHINIPUFFER
MIT KRÄUTERWÜRZIGER ZITRONEN-CRÈME-FRAÎCHE

ZUBEREITUNGSZEIT: 40–45 Min.
ABTROPFZEIT: 30 Min.
GRILLZEIT: 6–10 Min. pro Durchgang
ZUBEHÖR: große Grillplatte
SCHÄRFEGRAD: 5/10

Für die Crème fraîche

125 g Crème fraîche
1 EL fein gehackte Dillspitzen
1 EL Schnittlauchröllchen
1 TL fein abgeriebene Bio-Zitronenschale
1 TL frisch gepresster Zitronensaft
1 Msp. grobes Meersalz
1 Msp. gemahlener schwarzer Pfeffer

Für die Puffer

500 g mittelgroße Zucchini, geputzt, quer in 7 cm lange Stücke geschnitten
1 ¼ TL grobes Meersalz
8 große Frühlingszwiebeln, geputzt, fein gehackt
4 EL fein gehackte Dillspitzen
4 EL fein gehackte Korianderblätter
4 EL Mehl
1 Ei (Größe L) plus 1 Eiweiß, verquirlt
2 EL sehr fein gehackte Jalapeño-Chilischoten mit Kernen
1 ½ TL Currypulver
1 TL gemahlener Koriander
¼ TL gemahlener schwarzer Pfeffer
80 g Feta, zerbröckelt

Öl
kleine Dillzweige nach Belieben

1. Die Zutaten für die Crème fraîche glatt rühren. Abgedeckt kalt stellen, während Sie die Zucchinipuffer zubereiten.

2. In die Küchenmaschine die grobe oder mittelfeine Reibscheibe einsetzen und die Zucchini raspeln. (Oder die Zucchini auf der groben Seite einer Vierkantreibe raspeln.) Die Zucchiniraspel in ein Sieb geben und das Sieb über eine große Schüssel hängen. Zucchini im Sieb mit 1 TL Salz vermengen und 30 Min. stehen lassen, damit überschüssige Flüssigkeit abtropfen kann. Anschließend die Zucchiniraspel portionsweise in ein sauberes Küchentuch oder in mehrere Lagen Küchenpapier einschlagen und so viel Flüssigkeit wie möglich ausdrücken. Die Zucchiniraspel in eine Schüssel geben und mit einer Gabel die übrigen Zutaten für die Zucchinipuffer, darunter auch der restliche ¼ TL Salz, behutsam unterheben. Den zerbröckelten Feta zuletzt untermischen.

3. Den Grill für direkte mittlere Hitze (175–230 °C) vorbereiten und die große Grillplatte vorheizen.

4. Den Grillrost mit der Bürste reinigen. Die vorgeheizte Grillplatte mit 3 EL Öl bestreichen und das Öl bei geschlossenem Deckel 2– 3 Min. erhitzen. Auf der eingeölten Grillplatte protionsweise die Zucchinipuffer backen. Dafür pro Puffer 2 EL (für größere Puffer 4 EL) auf die Platte geben und die Teigportionen mit dem Rücken eines Löffels etwas flach drücken. Die Puffer über ***direkter mittlerer Hitze*** bei geschlossenem Deckel je nach Größe jeweils 6–10 Min. grillen, dabei einmal wenden, bis sie auf der Unterseite kräftig gebräunt sind. Fertige Puffer vom Grill nehmen. Zum Servieren jeweils 2–3 Zucchinipuffer auf einzelnen Tellern anrichten, auf jeden Puffer etwas Zitronen-Crème-fraîche klecksen und die Zucchinipuffer nach Belieben mit Dillzweigen garniert servieren.

FÜR 4–6 PERSONEN ALS VORSPEISE (ERGIBT ETWA 16 KLEINE ODER 10 MITTELGROSSE PUFFER)

SCHWARZE-BOHNEN-BURGER
MIT CHILI-KORIANDER-SCHMAND

ZUBEREITUNGSZEIT: 40 Min.
KÜHLZEIT: 30 Min.
GRILLZEIT: 6–8 Min.
ZUBEHÖR: gelochte Grillpfanne
SCHÄRFEGRAD: 8/10

5 EL Schmand
3 EL sehr fein gehackte Chipotle-Chilischoten in Adobo-Sauce (TexMex-Regal)
1 EL Adobo-Sauce (von den Chipotle-Chilis)
1 EL fein gehackte Korianderblätter
½ TL Tabasco

Für die Pattys

1 vorwiegend festkochende Kartoffel (etwa 225 g), geschält
Öl
4 EL sehr fein gewürfelte Zwiebeln
2 Stangen Bleichsellerie, sehr fein gewürfelt
2 EL halbtrockener Weißwein
1 ½ TL gemahlener Kreuzkümmel
1 ½ TL geräuchertes Paprikapulver
1 TL getrockneter Oregano
grobes Meersalz
gemahlener schwarzer Pfeffer
1 EL fein gehackter Knoblauch
1 Dose (400 g Inhalt) schwarze Bohnen, abgebraust und abgetropft
1 Ei (Größe L), leicht verquirlt
4 EL Panko (japanisches Paniermehl)
3 EL fein gehackte Korianderblätter

4 Burger-Brötchen, aufgeschnitten
4 mittelgroße Radieschen, in streichholzfeine Stifte geschnitten

1. In einer kleinen Schüssel den Schmand mit 1 EL fein gehackten Chipotle-Chilis, Adobo-Sauce, Koriander und Tabasco verrühren. Bis zum Servieren kalt stellen.

2. Für die Pattys die Kartoffel in 1 ¼ cm große Würfel schneiden und in leicht gesalzenem Wasser 6–8 Min. garen, bis die Kartoffelwürfel sehr weich sind, aber noch nicht zerfallen. In ein Sieb abgießen und gut abtropfen lassen.

3. In einer großen Pfanne 2 EL Öl auf mittlerer Stufe erhitzen. Darin die Zwiebel- und Selleriewürfel unter gelegentlichem Rühren etwa 5 Min. dünsten, bis sie weich sind, aber keine Farbe angenommen haben. Die übrigen 2 EL Chipotle-Chilis unterrühren, dann Wein, Kreuzkümmel, Paprikapulver, Oregano und je 1 TL Salz und Pfeffer dazugeben und die Mischung etwa 2 Min. köcheln lassen, bis kaum noch Flüssigkeit in der Pfanne ist. Knoblauch, Bohnen und die gegarten Kartoffelwürfel untermischen und 1–2 Min. weitergaren, bis die Mischung vollständig trocken ist. Die Pfanne vom Herd nehmen und die Mischung 5–10 Min. abkühlen lassen.

4. Anschließend die Zutaten mit einer Gabel zerdrücken, sodass alle Kartoffelwürfel zerdrückt sind, die Mischung aber noch stückig ist (nicht alle Bohnen werden vollständig zerdrückt sein). Das Ei, Paniermehl und Koriander gleichmäßig untermengen. Mit angefeuchteten Händen aus der Bohnenmasse vier feste, etwa 2 ½ cm dicke Pattys mit einem Durchmesser von etwa 7 ½ cm formen. Die Pattys auf einem Teller 30 Min. kalt stellen.

5. Inzwischen den Grill für direkte mittlere bis starke Hitze (200–260 °C) vorbereiten und die Grillpfanne vorheizen.

6. Den Grillrost mit der Bürste reinigen. Die Pattys auf beiden Seiten dünn mit Öl bestreichen und mit Salz und Pfeffer würzen.

7. Die Pattys in der vorgeheizten Grillpfanne über ***direkter mittlerer bis starker Hitze*** bei geschlossenem Deckel 6–8 Min. grillen, dabei einmal wenden, bis sie auf beiden Seiten schön gebräunt und durch und durch warm sind. Während der letzten Grillminute die Brötchen mit den Schnittflächen nach unten über direkter Hitze rösten. Pattys und Brötchen vom Grill nehmen. Auf die unteren Brötchenhälften jeweils 1 Patty legen, darauf einen Löffel Chili-Koriander-Schmand und Radieschenstifte geben, die oberen Brötchenhälften aufsetzen und die Burger warm servieren.

FÜR 4 PERSONEN

GEFÜLLTE PITA-BROTE
MIT FALAFEL-PATTYS UND SESAMSAUCE

ZUBEREITUNGSZEIT: 20 Min.
GRILLZEIT: 6–8 Min.
SCHÄRFEGRAD: 6/10

Für die Sauce

125 g Tahini (Sesampaste), gut durchgerührt
2–3 EL frisch gepresster Zitronensaft
2 TL fein gehackter Knoblauch
1 kleine rote Thai-Chilischote, mit den Kernen sehr fein gehackt

grobes Meersalz

Für die Pattys

1 Dose (400 g Inhalt) Kichererbsen, abgebraust und abgetropft, trockengetupft
180 g kalter gegarter Reis (vorzugsweise Basmatireis; entspricht etwa 70 g rohem Reis)
60 g frisch geriebene Semmelbrösel
4 EL fein gewürfelte rote Zwiebeln
1 Ei (Größe L), verquirlt
2 EL frisch gepresster Zitronensaft
2 EL fein gehackte glatte Petersilien- oder Korianderblätter
1 TL gemahlener Kreuzkümmel
1 kleine rote Thai-Chilischote, mit den Kernen sehr fein gehackt

Olivenöl
4 Pita-Brote, zum Füllen oben aufgeschnitten
2 Eiertomaten, Stielansatz und Kerne entfernt, in Würfel geschnitten
3 große Blätter Romanasalat, quer in feine Streifen geschnitten

1. In einer mittelgroßen Schüssel die Sesampaste mit Zitronensaft, Knoblauch und Chili mischen, anschließend mit so viel heißem Wasser (etwa 185 ml) verrühren, bis die Sauce eine Konsistenz wie Crème double hat. Mit Salz abschmecken und abgedeckt beiseitestellen.

2. Den Grill für direkte mittlere Hitze (175–230 °C) vorbereiten.

3. Ein Backblech mit Backpapier belegen. Die Zutaten für die Pattys mit 1 TL Salz in der Küchenmaschine oder im Mixer in 10 Intervallen von etwa 1 Sek. zu einer zusammenhängenden Masse mixen. In eine mittelgroße Schüssel umfüllen und mit angefeuchteten Händen aus der Masse vier gleich große Pattys mit einem Durchmesser von etwa 10 cm formen. Die Pattys auf das Backblech legen.

4. Den Grillrost mit der Bürste reinigen. Die Pattys auf beiden Seiten dünn mit Öl bestreichen und über ***direkter mittlerer Hitze*** bei geschlossenem Deckel 6–8 Min. grillen, dabei einmal wenden, bis sie auf beiden Seiten schön gebräunt sind. Während der letzten Grillminute die Pita-Brote über direkter Hitze aufbacken, dabei einmal wenden.

5. Die Pita-Brote jeweils mit 1 Patty, Tomatenwürfeln und Salatstreifen füllen und darauf nach Geschmack Sesamsauce verteilen.

FÜR 4 PERSONEN

TIPP!

Die Pattys gelingen am besten mit kaltem Reis, der klebriger ist als warmer Reis. Die Pattys halten dann besser zusammen.

KOREANISCHER GRILL-TOFU

MIT SESAM-SPINATSALAT

ZUBEREITUNGSZEIT: 30 Min.
GEFRIERZEIT: mind. 4 Std.
AUFTAUZEIT: 1–2 Std. oder über Nacht
MARINIERZEIT: 30–60 Min.
GRILLZEIT: 8–12 Min.
SCHÄRFEGRAD: 4/10

2 Päckchen (je 350–450 g) fester Tofu, abgetropft

Für die Sauce

400 g reife Nashi-, Bosc- oder Anjou-Birnen, geschält, entkernt, grob gewürfelt
125 ml Sojasauce
5 EL Sake oder trockener Sherry
4 Frühlingszwiebeln, geputzt, grob gehackt
2 EL Honig
1–2 Cayenne- oder Thai-Chilischoten, grob gehackt
1 EL fein gehackter Ingwer
1 EL Sesamöl aus gerösteten Samen
2 TL Reisessig
2 Knoblauchzehen, grob gewürfelt

2 TL Öl
1 TL Sesamöl aus gerösteten Samen
500 g zarte junge Spinatblätter
1 große Frühlingszwiebel, nur die grünen Teile fein gehackt
1 TL geröstete Sesamsamen
¼ TL rote Chiliflocken

TIPP!

Durch das Einfrieren und Wiederauftauen gewinnt der Tofu eine festere, fleischähnliche Konsistenz und nimmt dadurch auch die Marinade besser auf.

1. Beide Tofustücke quer halbieren. Die Scheiben einzeln in Frischhaltefolie wickeln und mind. 4 Std. ins Gefrierfach legen. Anschließend in der Frischhaltefolie über Nacht im Kühlschrank auftauen oder 1–2 Std. in eine Schüssel mit heißem Wasser legen. Die aufgetauten Tofuscheiben aus der Folie wickeln, in saubere Küchentücher einschlagen und etwa 30 Min. mit einem flachen Gewicht beschweren, um ihnen überschüssige Flüssigkeit zu entziehen. Ausgepresste Tofuscheiben nebeneinander in eine flache Form legen. In der Küchenmaschine die Zutaten für die Sauce in etwa 1 Min. nicht ganz glatt pürieren. 250 ml von der Sauce über die Tofuscheiben gießen. Den Tofu bei Raumtemperatur 30–60 Min. marinieren lassen.

2. Den Grill für direkte mittlere Hitze (175–230 °C) vorbereiten. Inzwischen in einer großen Pfanne Öl und Sesamöl auf mittlerer Stufe erhitzen. Nach und nach jeweils 1 Handvoll Spinat hineingeben und die Blätter 2–3 Min. pfannenrühren, bis sie gerade beginnen zusammenfallen. Vom Herd nehmen und den Spinat mit 125 ml von der übrigen Sauce anmachen.

3. Den Grillrost mit der Bürste reinigen. Tofuscheiben aus der Marinade nehmen; die Marinade zum Glasieren aufbewahren. Den Tofu über ***direkter mittlerer Hitze*** bei geschlossenem Deckel 8 bis 12 Min. grillen, dabei einmal wenden, bis er auf beiden Seiten schön gebräunt ist. Gegen Ende der Grillzeit die Tofuscheiben mit der Marinade bestreichen. Die gegrillten Tofuscheiben jeweils in zwei Dreiecke schneiden, auf einer Servierplatte anrichten und die Frühlingszwiebeln darüberstreuen. Den Spinatsalat daneben anrichten und mit Sesam und Chili bestreuen. Tofu und Salat servieren und die restliche Sauce dazu reichen.

FÜR 4 PERSONEN

Beilagen

114

Die Anzahl der Chilischoten gibt den Schärfegrad an.

CHINESISCHE GRÜNE BOHNEN

ZUBEREITUNGSZEIT: 15 Min.
GRILLZEIT: 8–11 Min.
ZUBEHÖR: gelochte Grillpfanne, große gusseiserne Pfanne
SCHÄRFEGRAD: 9/10

500 g zarte grüne Bohnen
2 EL Olivenöl
grobes Meersalz

Für die Sauce

4 EL Sojasauce
2 EL ungesüßter Reisessig
1 EL Zucker
2–3 TL scharfe Chili-Knoblauch-Sauce (z. B. Sriracha)
1 TL Speisestärke
1 EL Olivenöl
1 EL fein geriebener Ingwer
2 Knoblauchzehen, sehr fein gehackt
1 TL rote Chiliflocken

1. Den Grill für direkte mittlere Hitze (175–230 °C) vorbereiten und die Grillpfanne vorheizen.

2. Die Bohnen waschen, trockentupfen und von den Enden befreien. In eine große Schüssel geben und gleichmäßig mit dem Öl vermischen. Die Bohnen salzen und noch einmal gut durchmischen.

3. Die Bohnen portionsweise mit einer Küchenzange aus dem Öl heben, über der Schüssel überschüssiges Öl abschütteln und die Bohnen in einer Lage in der Grillpfanne verteilen. Die Bohnen in der Grillpfanne über ***direkter mittlerer Hitze*** bei geschlossenem Deckel 5–7 Min. grillen, dabei gelegentlich wenden, bis sie stellenweise gebräunt und knackig-zart sind. Bohnen vom Grill nehmen und in eine saubere Schüssel geben.

4. Für die Sauce in einer kleinen Schüssel Sojasauce mit Essig, Zucker, Chili-Knoblauch-Sauce und Speisestärke verrühren.

5. Die Gusseisenpfanne auf dem Grillrost über ***direkter mittlerer Hitze*** kurz vorheizen. Das Olivenöl in die heiße Pfanne geben und darin Ingwer, Knoblauch und Chiliflocken etwa 2 Min. dünsten, bis sie aromatisch duften. Den Sojasaucen-Mix dazugießen, die Grilltemperatur auf mittlere bis starke Hitze (200–260 °C) erhöhen und die Sauce bei geöffnetem Deckel 1–2 Min. unter ständigem Rühren dicklich einkochen lassen. Die Bohnen mit der Sauce vermischen und warm servieren.

FÜR 4 PERSONEN

GEGRILLTER CHICORÉE MIT INGWER-HONIG-DRESSING

ZUBEREITUNGSZEIT: 15 Min.
GRILLZEIT: 6–8 Min.
SCHÄRFEGRAD: 6/10

grobes Meersalz
½ Bio-Zitrone
4 Stauden Chicorée (insgesamt etwa 500 g), jeweils längs halbiert
Öl
gemahlener schwarzer Pfeffer

Für das Dressing

3 EL Öl
2 EL Reisessig
2 EL Honig
1 TL scharfer Senf
1 TL fein geriebener Ingwer
1 TL fein gehackter Knoblauch
¼ TL Cayennepfeffer
¼ TL gemahlener weißer Pfeffer

1 EL Schnittlauchröllchen
½–1 TL rote Chiliflocken

1. In einem mittelgroßen Topf Wasser zum Kochen bringen, etwas salzen, die Zitronenhälfte hineingeben und die Chicoréehälften 1–2 Min. im kochenden Zitronenwasser blanchieren. Zügig abgießen und den Chicorée in einer Schüssel mit eiskaltem Wasser abschrecken, damit der Garprozess gestoppt wird. Die gut abgekühlten Chicoréehälften aus dem Wasser nehmen und mit Küchenpapier trockentupfen. Den unteren harten Strunkkegel vorsichtig so herausschneiden, dass sich die Blätter nicht voneinander lösen, dann die Hälften rundherum dünn mit Öl bepinseln und mit Salz und Pfeffer würzen.

2. Den Grill für direkte mittlere bis schwache Hitze (150–200 °C) vorbereiten.

3. In einer kleinen Schüssel die Zutaten für das Dressing mit einem Schneebesen glatt rühren.

4. Den Grillrost mit der Bürste reinigen. Die Chicoréehälften mit den Schnittflächen nach unten über ***direkter mittlerer bis schwacher Hitze*** bei geschlossenem Deckel 6–8 Min. grillen, bis sie weich und stellenweise gemustert sind, dabei einmal wenden. Die Chicoréehälften auf einzelnen Tellern anrichten, mit etwas Dressing beträufeln und mit Schnittlauchröllchen und Chiliflocken bestreuen. Chicorée sofort servieren.

FÜR 4 PERSONEN

GEGRILLTE MAISKOLBEN MIT SCHARFER TOMATENBUTTER

ZUBEREITUNGSZEIT: 5 Min.
GRILLZEIT: 10–15 Min.
SCHÄRFEGRAD: 5/10

Für die Butter

6 EL weiche Butter
2 EL Tomatenmark
1 Chipotle-Chilischote in Adobo-Sauce (TexMex-Regal), sehr fein gehackt
1 EL chinesische Chili-Knoblauch-Paste
¼ TL Knoblauchsalz
¼ TL grobes Meersalz

6 Maiskolben, Hüllblätter entfernt
Olivenöl

1. Den Grill für direkte mittlere Hitze (175–230 °C) vorbereiten.

2. In einer kleinen Schüssel die Zutaten für die Tomatenbutter gründlich vermischen.

3. Den Grillrost mit der Bürste reinigen. Die Maiskolben rundherum mit Öl bespinseln und über über ***direkter mittlerer Hitze*** 10–15 Min. auf allen Seiten grillen, dabei den Grilldeckel möglichst häufig geschlossen halten, bis die Körner weich und stellenweise gebräunt sind. Fertige Maiskolben vom Grill nehmen.

4. Die Butter auf den Maiskolben verstreichen und die Kolben warm servieren.

FÜR 6 PERSONEN

TOMATENSALAT MIT GURKE, ZWIEBEL UND JOGHURTDRESSING

ZUBEREITUNGSZEIT: 20 Min.
SCHÄRFEGRAD: 1/10

Für den Salat

3 große Tomaten, Stielansatz und Kerne entfernt, in 1¼ cm dicke Scheiben geschnitten
1 Salatgurke, geschält, schräg in 3 mm dicke Scheiben geschnitten
1 große rote Zwiebel, quer in 3 mm dicke Scheiben geschnitten
4 EL zerpflückte Basilikumblätter
2 EL zerpflückte Minzeblätter
grobes Meersalz
gemahlener schwarzer Pfeffer

Für das Dressing

125 g Naturjoghurt
2 EL Olivenöl
½ TL fein gehackter Knoblauch

ganze Basilikumblätter nach Belieben
schwarze Oliven nach Belieben

1. Auf einer großen Servierplatte die Tomaten-, Gurken- und Zwiebelscheiben kreisförmig und sich überlappend auslegen. Zerpflückte Basilikum- und Minzeblätter darüberstreuen und alles mit Salz und Pfeffer würzen.

2. In einer kleinen Schüssel die Zutaten für das Dressing verrühren.

3. Den Salat mit dem Dressing beträufeln und nach Belieben mit ganzen Basilikumblättern und Oliven garnieren. Sofort servieren.

FÜR 4 PERSONEN

RATATOUILLE AUS GEGRILLTEM GEMÜSE

ZUBEREITUNGSZEIT: 25 Min.
GRILLZEIT: 10–12 Min.
SCHÄRFEGRAD: 1/10

1 mittelgroße Zwiebel, quer in 1 ¼ cm dicke Scheiben geschnitten
1 mittelgroße längliche, schmale Aubergine (vorzugsweise japanische), längs in 1 ¼ cm dicke Scheiben geschnitten
1 mittelgroße Zucchini, längs in 1 ¼ cm dicke Scheiben geschnitten
2 kleine Tomaten, quer halbiert, Stielansatz und Kerne entfernt
1 große rote Paprikaschote, in Viertel geschnitten
Olivenöl
grobes Meersalz
gemahlener schwarzer Pfeffer
2 TL sehr fein gehackter Knoblauch
2 EL fein gehackte Basilikumblätter
2 TL Aceto balsamico

1. Den Grill für direkte mittlere Hitze (175–230 °C) vorbereiten.

2. Den Grillrost mit der Bürste reinigen. Zwiebel, Aubergine, Zucchini, Tomaten und Paprikaschote auf allen Seiten mit Olivenöl einpinseln und gleichmäßig salzen und pfeffern. Das Gemüse über ***direkter mittlerer Hitze*** bei geschlossenem Deckel weich grillen, dabei jeweils nur einmal wenden. Die Zwiebelscheiben brauchen 10–12 Min., die Auberginenscheiben 8–10 Min., Zucccchini, Tomaten und Paprikastücke 6–8 Min. Fertiges Gemüse auf ein Schneidebrett geben und etwas abkühlen lassen, anschließend in 1 cm große Stücke schneiden.

3. In einer mittelgroßen Pfanne 1 EL Öl auf mittlerer bis hoher Stufe erhitzen und den Knoblauch darin 1–2 Min. unter gelegentlichem Rühren andünsten. Die gegrillten Gemüsestücke, Basilikum und Essig dazugeben, alles gut vermischen und mit Salz und Pfeffer abschmecken. Das Ratatouille warm servieren.

FÜR 4 PERSONEN

GEFÜLLTE ZUCCHINI

ZUBEREITUNGSZEIT: 15 Min.
GRILLZEIT: etwa 9 Min.
SCHÄRFEGRAD: 1/10

Für die Füllung

1 EL Olivenöl
2 EL fein gewürfelte rote Zwiebel
¼ TL fein gehackter Knoblauch
60 g Semmelbrösel
50 g geriebener Mozzarella
1 EL fein gehackte Minzeblätter
½ TL grobes Meersalz

4 mittelgroße Zucchini, die Enden abgeschnitten, längs halbiert
Olivenöl
4 EL frisch geriebener Parmesan

1. Den Grill für direkte mittlere Hitze (175–230 °C) vorbereiten.

2. In einer mittelgroßen Pfanne das Öl auf mittlerer bis hoher Stufe erhitzen und die Zwiebelwürfel darin in 4–5 Min. unter gelegentlichem Rühren weich dünsten. Knoblauch dazugeben und 1 Min. mitdünsten, dabei ab und zu umrühren. Die Semmelbrösel einstreuen und unter gelegentlichem Rühren etwa 2 Min. in der Pfanne bräunen. Die Bröselmischung in einer mittelgroßen Schüssel mit Mozzarella, Minzeblättern und Salz gleichmäßig vermengen.

3. Den Grillrost mit der Bürste reinigen. Die Zucchinihälften rundherum mit Öl bepinseln und zunächst mit den Schnittflächen nach oben über ***direkter mittlerer Hitze*** bei geschlossenem Deckel etwa 6 Min. grillen, dabei einmal wenden. Vom Grill nehmen und etwas abkühlen lassen.

4. Die Zucchinihälften bis auf einen ½ cm dicken Rand mit einem Teelöffel aushöhlen. Das ausgehöhlte Fruchtfleisch fein hacken, zur Füllung in die mittelgroße Schüssel geben und gründlich untermischen. Die Füllung vorsichtig in die ausgehöhlten Zucchinihälften löffeln und etwas aufschichten. Mit dem Parmesan bestreuen.

5. Die Zucchini mit der gefüllten Seite nach oben über ***direkter mittlerer Hitze*** bei geschlossenem Deckel weitere 3 Min. grillen, bis die Füllung schön heiß ist. Warm servieren.

FÜR 4–6 PERSONEN

PIKANTE PEPERONATA MIT KAPERN

ZUBEREITUNGSZEIT: 15 Min.
GRILLZEIT: 12–15 Min.
SCHÄRFEGRAD: 3/10

4 Paprikaschoten, vorzugsweise 2 rote, 1 gelbe und 1 grüne (je 200–225 g)
2 EL Olivenöl
2 Knoblauchzehen, in feine Scheiben geschnitten
1 TL getrockneter Oregano
½ TL rote Chiliflocken
3 EL Kapern, abgebraust und abgetropft
2 EL Rotweinessig
½ TL grobes Meersalz
½ TL gemahlener schwarzer Pfeffer

1. Den Grill für direkte mittlere Hitze (175–230 °C) vorbereiten.

2. Den Grillrost mit der Bürste reinigen. Die ganzen Paprikaschoten über ***direkter mittlerer Hitze*** 12–15 Min. auf allen Seiten grillen und dabei den Grilldeckel so viel wie möglich geschlossen halten, bis die Haut der Schoten rundherum verkohlt ist und Blasen wirft. Vom Grill nehmen und die Paprikaschoten in einer mit Frischhaltefolie abgedeckten großen Schüssel mind. 10 Min. ausdampfen lassen. Anschließend die verkohlte Haut der Schoten abziehen und wegwerfen, Stielansatz, Kerne und weiße Trennwände entfernen und das Fruchtfleisch in 1 cm breite Streifen schneiden.

3. In einer großen Pfanne das Öl auf mittlerer Stufe erhitzen. Knoblauch und Oregano im heißen Öl etwa 2 Min. dünsten, bis der Knoblauch weich, aber nicht gebräunt ist. Die Pfanne vom Herd nehmen. Zuerst die Chiliflocken einrühren, dann Paprikastreifen, Kapern und den Essig untermischen und mit dem Salz und Pfeffer würzen. Die Peperonata in eine mittelgroße Schüssel umfüllen und abkühlen lassen. Raumtemperiert servieren. Die Peperonata lässt sich abgedeckt bis zu 3 Tage im Kühlschrank aufbewahren.

FÜR 6 PERSONEN

FENCHELSALAT MIT PAPRIKA UND MOZZARELLA

ZUBEREITUNGSZEIT: 15 Min.
GRILLZEIT: 20–25 Min.
SCHÄRFEGRAD: 2/10

Für das Dressing

3 EL Olivenöl
1 EL Rotweinessig
1 TL fein gehackter Knoblauch
¾ TL Sardellenpaste
¼ TL rote Chiliflocken
¼ TL grobes Meersalz

Für den Salat

2 mittelgroße Fenchelknollen (je 250–300 g), Stiele und Fenchelgrün entfernt, den Wurzelansatz nicht abgeschnitten
2 geröstete rote Paprikaschoten (Glas), in 1 cm große Würfel geschnitten
250 g Mozzarella, in 1 cm große Würfel geschnitten
90 g entsteinte schwarze Oliven, abgespült, grob gehackt
3 EL grob gehackte Basilikumblätter

grobes Meersalz
gemahlener schwarzer Pfeffer

1. Den Grill für direkte und indirekte mittlere Hitze (175–230 °C) vorbereiten.

2. In einer kleinen Schüssel die Zutaten für das Dressing mit einem Schneebesen verrühren.

3. Die Fenchelknollen durch den Stielansatz halbieren und die Hälften auf allen Seiten dünn mit Dressing bepinseln.

4. In einer großen Schüssel Paprikaschoten mit Mozzarella, Oliven und Basilikum mischen.

5. Den Grillrost mit der Bürste reinigen. Die Fenchelhälften zunächst mit den Schnittflächen nach unten über ***direkter mittlerer Hitze*** bei geschlossenem Deckel 5–7 Min. grillen, bis die Schnittflächen kräftig gebräunt, aber nicht verkohlt sind. Wenden und die andere Seite 3 Min. grillen. Dann die Hälften über ***indirekte mittlere Hitze*** legen und bei geschlossenem Deckel 12–15 Min. weitergrillen, bis sie beim Einstechen mit der Spitze eines Messers knackig-zart sind. Fenchel vom Grill nehmen und lauwarm abkühlen lassen.

6. Aus den Fenchelhälften jeweils den Strunkkegel herausschneiden und wegwerfen. Fenchel anschließend in 1 cm große Stücke schneiden und zu den übrigen Salatzutaten in die große Schüssel geben. Nach Geschmack den Salat mit so viel von dem restlichen Dressing anmachen, dass er mehr oder weniger feucht ist, und mit Salz und Pfeffer würzen. Gut durchmischen und den Salat raumtemperiert servieren.

FÜR 6 PERSONEN

KRAUTSALAT MIT CHILI, KORIANDER UND LIMETTE

ZUBEREITUNGSZEIT: 30 Min.
RUHEZEIT: mind. 2 Std.
SCHÄRFEGRAD: 3/10

1 Kopf Weißkohl (etwa 1 kg), in feine Streifen geschnitten
1 mittelgroße rote Paprikaschote, in feine Streifen geschnitten
3 Frühlingszwiebeln, nur die weißen und hellgrünen Teile in feine Ringe geschnitten
5 EL Korianderblätter, fein gehackt
2 mittelgroße Jalapeño-Chilischoten, entkernt, fein gehackt
abgeriebene Schale von 1 Bio-Limette
4 EL frisch gepresster Limettensaft
2 EL Honig
2 TL fein gehackter Knoblauch
grobes Meersalz
gemahlener schwarzer Pfeffer
160 ml Olivenöl

1. In einer großen Schüssel den Weißkohl mit Paprikaschote, Frühlingszwiebeln, Koriander und gehackten Chilis vermischen.

2. In einer kleinen Schüssel die abgeriebene Limettenschale mit dem Limettensaft verrühren. Honig, Knoblauch, 1 TL Salz und ½ TL Pfeffer unterrühren, dann nach und nach das Öl unterschlagen. Das Dressing über die Weißkohlmischung gießen und gründlich durchmischen. Den Salat nach Geschmack mit Salz und Pfeffer würzen.

3. Den Krautsalat mit Frischhaltefolie abgedeckt mind. 2 Std. kalt stellen. Anschließend noch einmal gut durchmischen und kalt servieren.

FÜR 8 PERSONEN

PIKANT ANGEMACHTER CHINAKOHLSALAT MIT RETTICH UND MÖHRE

ZUBEREITUNGSZEIT: 20 Min.
SCHÄRFEGRAD: 6/10

Für den Salat

150 g Chinakohl, in feine Streifen geschnitten
1 große Möhre, in streichholzfeine Stifte geschnitten
1 kleiner Rettich (vorzugsweise japanischer Daikon), in streichholzfeine Stifte geschnitten
2 EL fein gehackte Minzeblätter

Für das Dressing

1 EL fein geriebener Ingwer
1 EL gesüßter Reisessig
1 EL scharfe Chili-Knoblauch-Sauce, (z. B. Sriracha)
1 EL Traubenkernöl
2 TL Fischsauce
1 TL Zucker
1 Knoblauchzehe, sehr fein gehackt

1. In einer großen Schüssel die Salatzutaten mischen.

2. In einer kleinen Schüssel die Zutaten für das Dressing mit einem Schneebesen verrühren, bis sich alles gut verbunden hat. Salat mit dem Dressing anmachen und durchmischen. Bis zum Servieren abgedeckt kalt stellen.

FÜR 4 PERSONEN

SALAT AUS GEGRILLTEN MAISKÖRNERN

ZUBEREITUNGSZEIT: 15 Min.
GRILLZEIT: 10–15 Min.
SCHÄRFEGRAD: 2/10

3 Maiskolben, Hüllblätter entfernt
Öl
4 EL fein gewürfelte rote Paprikaschote
4 EL fein gewürfelte rote Zwiebel
1 TL mit den Kernen sehr fein gehackte Jalapeño-Chilischote

Für die Vinaigrette

1 EL Dijon-Senf
1 EL Weißweinessig
1 EL Zucker
1 EL fein gehackte Dillspitzen
¼ TL grobes Meersalz

1. Den Grill für direkte mittlere Hitze (175–230 °C) vorbereiten.

2. Den Grillrost mit der Bürste reinigen. Die Maiskolben rundherum mit Öl bestreichen und über ***direkter mittlerer Hitze*** bei geschlossenem Deckel 10–15 Min. grillen, dabei gelegentlich wenden, bis die Körner weich und stellenweise gebräunt sind. Vom Grill nehmen, etwas abkühlen lassen, dann die Körner von den Kolben schneiden. Maiskörner in einer großen Schüssel mit Paprika, Zwiebel und Chili vermengen.

3. In einem kleinen Topf die Zutaten für die Vinaigrette mit 3 EL Öl verquirlen und auf mittlerer bis hoher Stufe kurz erwärmen. Den Maissalat mit der warmen Vinaigrette anmachen und bis zum Servieren bei Raumtemperatur beiseitestellen.

FÜR 4 PERSONEN

SÜSSES PFIRSICH-CHUTNEY

ZUBEREITUNGSZEIT: 15 Min., plus etwa 20 Min. Garzeit
SCHÄRFEGRAD: 2/10

- 4 EL Vollrohrzucker
- 30 ml Apfelessig
- 2 EL fein gehackter Ingwer
- 1 TL Senfpulver
- 1 Zimtstange
- ½ TL rote Chiliflocken
- 1 mittelgroße süße Zwiebel (z. B. Oso Sweet Onion) oder milde Gemüsezwiebel, geviertelt, in feine Streifen geschnitten
- 3 mittelgroße reife Pfirsiche, geschält, das Fruchtfleisch grob gewürfelt

1. In einem mittelgroßen Topf Zucker, Essig, Ingwer, Senfpulver, Zimtstange und Chiliflocken mischen und zum Kochen bringen. Zwiebelstreifen dazugeben und auf kleiner Stufe in etwa 10 Min. weich garen. Die Pfirsichwürfel zufügen und auf mittlerer Stufe etwa 10 Min. unter häufigem Rühren garen, bis die Mischung leicht eingedickt ist. Vom Herd nehmen und das Chutney abkühlen lassen. Die Zimtstange entfernen und wegwerfen.

2. Das Chutney hält sich abgedeckt im Kühlschrank bis zu 3 Tage. Vor dem Servieren wieder auf Raumtemperatur bringen.

FÜR 6–8 PERSONEN

VIETNAMESISCHER SALAT

ZUBEREITUNGSZEIT: 30 Min.
KÜHLZEIT: 10 Min.
SCHÄRFEGRAD: 7/10

Für das Dressing

- 4 EL Fischsauce
- 4 EL frisch gepresster Limettensaft
- 4 EL fein geraspelte Möhre
- 3 Thai-Chilischoten, in feine Ringe geschnitten
- 1 EL Zucker
- 1 EL Reisessig
- 2 Knoblauchzehen, sehr fein gehackt

Für den Salat

- 2 Tomaten, Stielansatz und Kerne entfernt, ½ cm groß gewürfelt
- 1 Salatgurke, geschält, entkernt, ½ cm groß gewürfelt
- 250 g Rettich (vorzugsweise japanischer Daikon), geschält, ½ cm groß gewürfelt
- ½ kleine rote Zwiebel, in ½ cm große Würfel geschnitten
- je 24 kleine bis mittelgroße Basilikum- und Minzeblätter, grob gehackt
- 5 EL Korianderblätter
- 4 EL ohne Fett geröstete ungesalzene Erdnusskerne, grob gehackt

1. In einer großen Servierschüssel die Zutaten für das Dressing mit einem Schneebesen verrühren, bis sich der Zucker aufgelöst hat.

2. Die Salatzutaten in die große Schüssel zum Dressing geben und alles gut vermischen. Den Salat 10 Min. im Kühlschrank durchziehen lassen, anschließend sofort servieren.

FÜR 6–8 PERSONEN

ASIA-NUDELSALAT MIT GEMÜSE

ZUBEREITUNGSZEIT: 30 Min.
KÜHLZEIT: 2–8 Std.
SCHÄRFEGRAD: 2/10

125 g Zuckerschoten, geputzt
2 mittelgroße Möhren, schräg in 3 mm dicke Scheiben geschnitten
250 g chinesische Eier- oder japanische Soba-Nudeln oder Spaghetti
1 mittelgroße rote Paprikaschote, in ½ cm breite Streifen geschnitten
3 große Frühlingszwiebeln, nur die weißen und hellgrünen Teile in feine Ringe geschnitten
3 EL fein gehackte Korianderblätter

Für das Dressing

30 g Ingwer, geschält, auf der groben Seite einer Vierkantreibe geraspelt
4 EL Sojasauce
4 EL Reisessig
2 EL Sesamöl aus gerösteten Samen
2 TL Honig
2 Knoblauchzehen, sehr fein gehackt oder durchgepresst
½ TL scharfe Chili-Knoblauch-Sauce (z. B. Sriracha)

1 EL geröstete Sesamsamen

1. Wasser in einem großen Topf zum Kochen bringen und salzen. Die Zuckerschoten im kochenden Wasser etwa 30 Sek. blanchieren, bis sie leuchtend grün sind, dann mit einem feinmaschigen Sieb aus dem kochenden Wasser heben und in einer Schüssel in eiskaltem Wasser abschrecken. Jetzt die Möhrenscheiben im kochenden Wasser 2 Min. blanchieren, bis sie knackig-zart sind, anschließend mit dem Sieb aus dem Wasser heben und für etwa 2 Min. zu den Zuckerschoten ins eiskalte Wasser geben. Das gesamte Gemüse abgießen und mit Küchenpapier trockentupfen.

2. Die Nudeln im kochenden Wasser nach Packungsanweisung garen. Abseihen, unter fließendem kaltem Wasser abspülen und abtropfen lassen. Nudeln in eine große Schüssel geben, Zuckerschoten, Möhren, Paprikaschote, Frühlingszwiebeln und den gehackten Koriander zufügen.

3. Für das Dressing den geraspelten Ingwer über einer mittelgroßen Schüssel in der Faust kräftig ausdrücken und den ausgepressten Ingwersaft in der Schüssel auffangen (ergibt etwa 2 EL). Die ausgepressten Ingwerraspel wegwerfen. Den Ingwersaft mit den restlichen Dressingzutaten verquirlen. Das Dressing über die Nudel-Gemüse-Mischung gießen und die Zutaten mit einer Küchenzange vermengen, bis die Nudeln mit dem Dressing überzogen sind.

4. Abgedeckt mind. 2 Std. oder bis zu 8 Std. kalt stellen. Den Nudelsalat mit den Sesamsamen bestreuen und kalt oder raumtemperiert servieren.

FÜR 6–8 PERSONEN

RÖSTI MIT SPECK UND ZWIEBEL

ZUBEREITUNGSZEIT: 10 Min., plus etwa 1 Std.für die Röstis
RUHEZEIT: 2–24 Std.
SCHÄRFEGRAD: 1/10

4 mehligkochende Kartoffeln (je etwa 225 g), ungeschält, gewaschen und abgebürstet
4 dicke Scheiben Frühstücksspeck, in 2 ½ cm große Würfel geschnitten
3 EL Rapsöl (nach Bedarf)
1 EL Butter
1 mittelgroße Zwiebel, fein gewürfelt
grobes Meersalz
gemahlener schwarzer Pfeffer

1. Die Kartoffeln in einem großen Topf mit so viel Wasser bedecken, dass es 2 ½ cm hoch über den Kartoffeln steht. Das Wasser salzen und im verschlossenen Topf auf hoher Stufe zum Kochen bringen. Sobald es kocht, die Hitze auf mittlere bis hohe Stufe reduzieren, den Deckel schräg auflegen und die Kartoffeln 30–35 Min. im leicht sprudelnden Wasser weich kochen (machen Sie die Garprobe mit der Spitze eines Messer). Kartoffeln abgießen, zurück in den Topf geben und zum Abkühlen der Kartoffeln den Topf mit kaltem Wasser füllen. 5 Min. stehen lassen. Kartoffeln erneut abgießen, in eine Schüssel geben und mind. 2 Std. oder bis zu 24 Std. kalt stellen.

2. In einer kleinen beschichteten Pfanne die Speckwürfel auf mittlerer bis hoher Stufe in 7–8 Min. unter gelegentlichem Rühren knusprig ausbraten. Mit einem Schaumlöffel herausheben und auf Küchenpapier entfetten. Das ausgelassene Speckfett in einen kleinen Messbecher gießen und auf 60 ml mit Rapsöl auffüllen. Die Pfanne mit Küchenpapier auswischen. Die Butter in der Pfanne auf mittlerer Stufe zerlassen und die Zwiebel darin unter gelegentlichem Rühren in 5–6 Min. weich und goldgelb dünsten. Mit je 1 Msp. Salz und Pfeffer würzen. Die Zwiebelwürfel in eine Schüssel geben. Die Pfanne mit Küchenpapier auswischen.

3. Die kalten Kartoffeln pellen, anschließend die Kartoffeln über einer großen Schüssel auf der groben Seite einer Vierkantreibe raspeln. Kartoffelraspel mit 1 ½ TL Salz und ½ TL Pfeffer vermischen. In der ausgewischten Pfanne 2 EL der Speckfett-Öl-Mischung auf mittlerer Stufe erhitzen. Die Hälfte der Kartoffelraspel in die Pfanne geben und gleichmäßig darin verteilen. Mit den Speck- und Zwiebelwürfeln bestreuen, die restlichen Kartoffelraspel daraufschichten und die Kartoffelmasse mit einem Pfannenwender rundherum und an den Seiten leicht andrücken, damit sie zusammenhält. Das Rösti 8–10 Min. anbraten, bis es auf der Unterseite goldbraun ist.

4. Das Rösti vorsichtig aus der Pfanne auf einen Teller gleiten lassen. Einen zweiten Teller darüberlegen und die beiden Teller umdrehen, sodass die gebratene Unterseite oben liegt. Übrige Speckfett-Öl-Mischung auf mittlerer Stufe in der Pfanne erhitzen. Das Rösti mit der gebratenen Seite nach oben zurück in die Pfanne gleiten lassen und weitere 8–10 Min. braten, bis die Unterseite erneut goldbraun ist. Rösti auf einen Servierteller gleiten lassen, gegebenenfalls abgebrochene Stücke wieder ins Rösti drücken, das Rösti in Tortenstücke schneiden und heiß servieren.

FÜR 6 PERSONEN

NEUE KARTOFFELN MIT SCHARFER AÏOLI

ZUBEREITUNGSZEIT: 10 Min.
GRILLZEIT: 15–20 Min.
ZUBEHÖR: gelochte Grillpfanne
SCHÄRFEGRAD: 7/10

Für die Aïoli

100 g Mayonnaise
1 EL Olivenöl
2 TL frisch gepresster Zitronensaft
1 TL Tabasco
1 TL fein gehackter Knoblauch
½ TL Saffranfäden nach Belieben

2 TL geräuchertes Paprikapulver
1 TL grobes Meersalz
½ TL Cayennepfeffer
½ TL gemahlener schwarzer Pfeffer
1 kg kleine neue Kartoffeln (je etwa 4 cm Ø), halbiert
2 EL Olivenöl
2 TL fein gehackter Knoblauch
2 EL grob gehackte glatte Petersilienblätter

1. In einer kleinen Schüssel die Zutaten für die Aïoli verschlagen.

2. In einer großen Schüssel das Paprikapulver mit Salz, Cayennepfeffer und schwarzem Pfeffer mischen. Kartoffeln, Öl und Knoblauch zufügen und die Zutaten gründlich vermischen.

3. Den Grill für direkte mittlere Hitze (175–230 °C) vorbereiten und die Grillpfanne vorheizen.

4. Die Kartoffeln in einer Lage in der Grillpfanne verteilen und über ***direkter mittlerer Hitze*** bei geschlossenem Deckel 15–20 Min. grillen, dabei gelegentlich wenden, bis sie weich und ein wenig gebräunt sind. Die Kartoffeln in eine Servierschüssel umfüllen.

5. Die Kartoffeln mit der Petersilie bestreuen und mit der Aïoli servieren.

FÜR 4–6 PERSONEN

SCHARFE BAKED BEANS

ZUBEREITUNGSZEIT: 15 Min., plus etwa 1 Std. für die Bohnen
SCHÄRFEGRAD: 5/10

- 1 EL Öl
- 1 mittelgroße Zwiebel, fein gewürfelt
- 1 dicke Scheibe Kochschinken (etwa 350 g), überschüssiges Fett entfernt, fein gewürfelt
- 1 EL fein gehackter Knoblauch
- 3 Dosen (je etwa 400 g Inhalt) Baked Beans (möglichst mit Schweinefleisch), abgetropft
- 180 ml Ahornsirup
- 2 EL Tomatenmark
- 1 EL Worcestersauce
- 1 EL Chilipulver (Gewürzmischung)
- ¼ TL Cayennepfeffer
- 1 EL Senf
- grobes Meersalz
- gemahlener schwarzer Pfeffer

1. Das Öl in einem großen Topf auf mittlerer bis kleiner Stufe erhitzen und die Zwiebel darin unter gelegentlichem Rühren in 8–10 Min. weich dünsten. Schinken und Knoblauch 2 Min. mitdünsten. Bohnen, Ahornsirup, Tomatenmark, Worcestersauce, Chilipilver und Cayennepfeffer einrühren, die Mischung auf hoher Stufe aufkochen, anschließend auf mittlerer Stufe im offenen Topf 45 Min. köcheln lassen, dabei ein- bis zweimal umrühren.

2. Vor dem Servieren den Senf unterrühren und die Baked Beans salzen und pfeffern. Warm servieren.

FÜR 8 PERSONEN

COUSCOUS MIT ROSINEN UND PINIENKERNEN

ZUBEREITUNGSZEIT: 20 Min.
SCHÄRFEGRAD: 1/10

- 60 g Pinienkerne
- 250 ml frisch gepresster Orangensaft
- 5 EL Rosinen
- 2 EL Butter
- 1 EL frisch gepresster Limettensaft
- 1 TL geriebener Ingwer
- 1 TL grobes Meersalz
- ½ TL gemahlener schwarzer Pfeffer
- 170 g Instant-Couscous
- 5 EL fein gehackte Minzeblätter

1. In einer kleinen Pfanne die Pinienkerne ohne Fett auf mittlerer Stufe in etwa 5 Min. goldbraun rösten, dabei gelegentlich umrühren. Aus der Pfanne nehmen und beiseitestellen.

2. In einem mittelgroßen Topf den Orangensaft mit 125 ml Wasser mischen, Rosinen, Butter, Limettensaft, Ingwer, Salz und Pfeffer dazugeben und die Mischung auf hoher Stufe aufkochen. Den Couscous unter Rühren einstreuen, einen Deckel auflegen und den Topf vom Herd nehmen. Den Couscous 5–10 Min. quellen lassen. Couscous mit einer Gabel auflockern und in eine Servierschüssel umfüllen. Geröstete Pinienkerne und die gehackte Minze unterheben und den Couscous warm oder raumtemperiert servieren.

FÜR 4 PERSONEN

REISSALAT MIT LIMETTEN-DRESSING

ZUBEREITUNGSZEIT: 15 Min.
SCHÄRFEGRAD: 1/10

300 g Naturreis (Rund- oder Mittelkorn)

Für das Dressing

4 EL Öl
2 EL Reisessig
2 EL frisch gepresster Limettensaft
1 TL Sesamöl aus gerösteten Samen
1 TL fein gehackter Knoblauch
½ TL grobes Meersalz
¼ TL gemahlener schwarzer Pfeffer

1 große Möhre, geschält, geraspelt oder fein gewürfelt
3 Frühlingszwiebeln, quer in feine Ringe geschnitten
3 EL fein gehackte Korianderblätter
60 g ungesalzene, ohne Fett geröstete Erdnusskerne, gehackt

1. Den Reis laut Packungsanweisung garen. Abgießen, unter fließendem kaltem Wasser abbrausen und gründlich abtropfen lassen.

2. In einer großen Schüssel die Zutaten für das Dressing mit einem Schneebesen verrühren.

3. Gegarten Reis, Möhre, Frühlingszwiebeln, Koriander und Erdnusskerne zum Dressing geben und gut durchmischen. Den Reissalat warm oder raumtemperiert servieren.

FÜR 4–6 PERSONEN

Würzmischungen

Die Würzmischungen hier sind in aufsteigender Reihenfolge nach Schärfegraden aufgeführt, also von realtiv mild bis extrem scharf. Jede von ihnen enthält weniger oder mehr Capsaicin, das für das Schärfeempfinden im Mund verantwortlich ist. Die Schärfeempfindung ist aber nicht gleichzusetzen mit der Geschmacksempfindung, etwa von salzig oder süß. Schärfe ist ein Gefühl, das auf einer Reizung der Nervenenden beruht und manchmal noch lange anhält, auch wenn der Geschmackssinn längst abgeklungen ist.

Anstelle selbst zusammengesteller Würzmischungen können Sie natürlich auch fertige Mischungen verwenden. Nahezu jedes Land hat seine eigene, charakteristische Würzmischung hervorgebracht, denken Sie etwa an indisches Currypulver (verschiedene gemahlene Gewürze), an Kräuter der Provence (eine Mischung aus getrockneten Kräutern, die typisch für diesen Landstrich sind) oder an die karibisch-kreolischen Jerk-Mischungen (in der Regel ein kraftvoll-scharfer Mix aus gemahlenen Chilis, Piment, Pfefferkörnern, Zimt und Salz).

Salz sollte immer Bestandteil einer Würzmischung sein. Wenn es nicht in Ihrer fertigen Mischung enthalten ist, fügen Sie es hinzu. Salz intensiviert andere Aromen und stillt das menschliche Verlangen nach Natriumchlorid, also Kochsalz. Naturreines Meersalz in Flocken ist dabei besonders gut für die Grillküche geeignet. Es hat im Vergleich zu normalem Speisesalz nicht nur einen sehr reinen, unverfälschten Geschmack, sondern löst sich auf der Oberfläche des Grillguts auch viel besser auf.

Wenn ich Salz erwähne, muss ich auch über schwarzen Pfeffer sprechen. Diese beiden Gewürze ergänzen sich perfekt. Der Südwesten Indiens etwa ist berühmt für seinen einzigartigen und edlen Tellicherry-Pfeffer. Dort werden die Sträucher an bis zu 2½ m hohen Spalieren gezogen, wo die Pfefferbeeren schön langsam ausreifen können, bis sie sich grünlich-gelb verfärben. Anschließend werden sie geernet und in der Sonne getrocknet.

In der Küche werden Pfefferkörner meist direkt verwendet, je nach Rezept grob zerstoßen oder fein gemahlen. Um jedoch das Maximum an Geschmack herauszuholen (das gilt auch für andere getrocknete ganze Gewürze wie Kreuzkümmelsamen), sollten Sie die Körner zunächst einige Minuten in einer fettfreien Pfanne über mittlerer Hitze rösten. Die Hitze setzt die in den Körnern und Samen enthaltenen ätherischen Öle frei, was den Geschmack und das Aroma der Gewürze ungemein intensiviert. Rütteln Sie während des Röstens häufig die Pfanne, damit die Gewürze nicht verbrennen und dann bitter schmecken.

GERÖSTETER KREUZKÜMMEL UND OREGANO

PASST ZU: Schwein, Huhn und Seafood
ERGIBT: etwa 3 EL
ZUBEHÖR: Gewürzmühle
SCHÄRFEGRAD: 4/10

1 EL Kreuzkümmelsamen
2 TL getrockneter Oregano
2 TL Vollrohrzucker
2 TL grobes Meersalz
½ TL Chilipulver (Gewürzmischung)
¼ TL gemahlener schwarzer Pfeffer

In einer kleinen Pfanne die Kreuzkümmelsamen bei mittlerer Hitze 2–3 Min. rösten, bis sie aromatisch duften. Die Pfanne dabei gelegentlich rütteln, damit die Samen nicht verbrennen. In die Gewürzmühle geben und abkühlen lassen, anschließend fein mahlen. Den gemahlenen Kreuzkümmel mit den restlichen Zutaten mischen.

GERÖSTETES SESAMSALZ

PASST ZU: Huhn, Seafood und Gemüse
ERGIBT: etwa 2 EL
SCHÄRFEGRAD: 5/10

1 EL weiße Sesamsamen
2 TL grobes Meersalz
1 TL Knoblauchgranulat
1 TL gemahlener schwarzer Pfeffer

In einer kleinen Pfanne die Sesamsamen bei mittlerer Hitze 2–3 Min. rösten, bis sie goldbraun, aber nicht zu dunkel sind. Die Pfanne dabei gelegentlich rütteln, damit die Samen nicht verbrennen. In einer Schüssel abkühlen lassen, anschließend mit den restlichen Zutaten vermischen.

ALARMSTUFE ROT

PASST ZU: Schwein, Huhn und Seafood
ERGIBT: 2 ½ EL
SCHÄRFEGRAD: 7/10

1 EL geräuchertes Paprikapulver
2 TL grobes Meersalz
1 TL gemahlener schwarzer Pfeffer
½ TL Zwiebelgranulat
½ TL getrockneter Thymian
½ TL Cayennepfeffer

Die Zutaten in einer kleinen Schüssel vermischen.

PFEFFERSCHÄRFE

PASST ZU: Rind, Lamm und Schwein
ERGIBT: etwa 4 EL
ZUBEHÖR: Gewürzmühle
SCHÄRFEGRAD: 8/10

1 EL schwarze Pfefferkörner
1 EL weiße Pfefferkörner
1 TL rote Chiliflocken
1 EL grobes Meersalz
1 TL gemahlener Kreuzkümmel
½ TL gemahlener Koriander

In einer kleinen Pfanne die beide Pfeffersorten bei mittlerer Hitze 2–3 Min. rösten, bis die Körner aromatisch duften. Die Pfanne dabei gelegentlich rütteln, damit die Körner nicht verbrennen. In die Gewürzmühle geben und abkühlen lassen. Die gerösteten Pfefferkörner zusammen mit den Chiliflocken in der Gewürzmühle fein mahlen, anschließend in einer kleinen Schüssel mit den restlichen Gewürzen vermischen.

CHILIWAHNSINN

PASST ZU: Rind, Lamm und Schwein
ERGIBT: 2½ EL
SCHÄRFEGRAD: 9/10

2 TL grobes Meersalz
2 TL Vollrohrzucker
1 TL Chilipulver (Gewürzmischung)
1 TL Ancho-Chilipulver
1 TL Chipotle-Chilipulver
½ TL Cayennepfeffer

Die Zutaten in einer kleinen Schüssel vermischen.

Saucen

Eine Hähnchenbrust bleibt eine Hähnchenbrust, auch wenn sie perfekt und wunderbar saftig vom Grill kommt. Wenn Sie sie jedoch mit einer interessanten Sauce kombinieren, erweitern Sie das Geschmacksspektrum des Fleisches oder jeder anderen Hauptzutat um Noten, die entweder geschmacklich ergänzen oder einen reizvollen Kontrast bilden. Dem Grillgut verleihen Sie damit einen besonderen Stil und größere Geschmackstiefe. Und genau darum geht es bei den nachfolgenden Saucen: um ein schärferes und pikanteres Geschmacksprofil für alles, was Sie auf dem Grill zubereiten wollen.

Gnadenlos scharfe Hot Sauce mit Rum

ERGIBT: etwa 60 ml
GRILLZEIT: etwa 6 Min.
ZUBEHÖR: gelochte Grillpfanne, Gummihandschuhe
SCHÄRFEGRAD: 10/10

12 Habanero-Chilischoten (etwa 60 g)
12 große Knoblauchzehen, geschält
3 EL weißer Rum
fein abgeriebene Schale von 1 Bio-Limette
3 EL frisch gepresster Limettensaft
1 TL grobes Meersalz

1. Den Grill für direkte mittlere Hitze (175–230 °C) vorbereiten und die Grillpfanne vorheizen.

2. Mit Gummihandschuhen (damit schützen Sie sich vor Hautreizungen) den Stielansatz der Chilis abschneiden und wegwerfen, anschließend die Schoten halbieren und von den Kernen befreien. Chilihälften und Knoblauchzehen in einer Lage in der Grillpfanne verteilen und über ***direkter mittlerer Hitze*** bei geschlossenem Deckel etwa 6 Min. grillen, dabei gelegentlich wenden, bis der Knoblauch goldbraun ist und die Haut der Chilis Blasen wirft. Chilis und Knoblauch vom Grill nehmen.

3. In einem Mixer mit Glasaufsatz (Plastik könnte sich verfärben!) Knoblauch und Chilis fein hacken. Die restlichen Zutaten dazugeben und alles pürieren (atmen Sie dabei nicht die Dämpfe ein). Die Mischung durch ein feines Sieb in eine kleine Glasschüssel streichen; Siebrückstände wegwerfen. Die Sauce abgedeckt mind. 1 Std. durchziehen lassen, anschließend raumtemperiert servieren. Die Sauce lässt sich auch abgedeckt bis zu 2 Wochen im Kühlschrank aufbewahren.

Ingwer-Chili-Sauce

ERGIBT: etwa 250 ml
SCHÄRFEGRAD: 5/10

8 dicke Frühlingszwiebeln, nur die weißen und hellgrünen Teile fein gehackt
4 EL sehr fein gewürfelter Ingwer
4 TL Sojasauce
4 TL Reisessig
1 EL Sesamöl aus gerösteten Samen
2 Knoblauchzehen, sehr fein gewürfelt
1 kleine Chilischote (z. B. Thai-Chili), mit den Kernen sehr fein gehackt

In einer kleinen Schüssel die Zutaten vermischen und dabei etwas zerdrücken. Sofort servieren oder abgedeckt bis zu 2 Tage im Kühlschrank aufbewahren.

Scharfe Steaksauce

ERGIBT: etwa 125 ml
SCHÄRFEGRAD: 5/10

60 g Butter, zerlassen
2 EL Worcestersauce
1 EL chinesische Chilipaste mit Knoblauch
1 EL scharfer Senf
1 EL scharfe Chili-Knoblauch-Sauce, (z. B. Sriracha)
½ TL gemahlener schwarzer Pfeffer
¼ TL grobes Meersalz

Die Zutaten in einer kleinen Schüssel glatt rühren. Die Sauce hält sich abgedeckt bis zu 2 Monate im Kühlschrank. (Sollte die kalt gestellte Sauce halbfest werden, lässt sie sich durch kurzes Aufwärmen wieder verflüssigen.)

TIPP!

Diese Steaksauce ist eine pikante Abwandlung der klassischen britischen Brown Sauce und weniger süß als die bekannten Handelsmarken. Sie passt hervorragend zu gegrilltem Fleisch, ist schnell und einfach zubereitet und wird Ihre Grillgäste beeindrucken.

Extra scharfe portugiesische Piri-Piri-Sauce

ERGIBT: etwa 150 ml
SCHÄRFEGRAD: 10/10

12 kleine rote oder grüne Chilischoten (z. B. Thai-Chilis), mit den Kernen grob gehackt
3 Knoblauchzehen, zerdrückt
2 EL Sherry- oder Rotweinessig
fein abgeriebene Schale von 1 Bio-Zitrone
½ TL grobes Meersalz
125 ml Olivenöl

Chilis, Knoblauch, Essig, Zitronenschale und Salz in einen Mixer mit Glasaufsatz geben (Plastik könnte sich verfärben!) und mixen, bis die Chilis fein gehackt sind. Anschließend bei laufendem Motor das Öl in dünnem Strahl langsam untermischen, bis die Zutaten sich gut verbunden haben (atmen Sie dabei nicht die Dämpfe ein). Die Sauce in eine Schüssel umfüllen und abgedeckt mind. 1 Std. durchziehen lassen. Anschließend raumtemperiert servieren. Die Sauce lässt sich abgedeckt bis zu 1 Monat im Kühlschrank aufbewahren.

Würzbutter mit gerösteten Chilis und Blauschimmelkäse

ERGIBT: etwa 180 ml
SCHÄRFEGRAD: 3/10

3 große Jalapeño-Chilischoten
100 g Stilton (englischer Blauschimmelkäse), Rinde entfernt, zerbröckelt
2 EL weiche Butter
2 EL Olivenöl
1 kleine Knoblauchzehe, sehr fein gewürfelt
grobes Meersalz
gemahlener schwarzer Pfeffer

1. Die Chilis über einer Gasflamme oder unter dem Backofengrill bei mittlerer Hitze 4–6 Min. rösten, dabei nach Bedarf drehen und wenden, bis die Haut der Schoten stellenweise leicht verkohlt ist. Die gerösteten Chilis auf einem Schneidebrett lauwarm abkühlen lassen, anschließend fein hacken und dabei Kerne und Trennwände entfernen. Die gehackten Schoten mit den übrigen Zutaten vermischen und die Würzbutter mit Salz und Pfeffer abschmecken.

2. Die Butter raumtemperiert servieren oder in einem luftdicht verschlossenen Behälter bis zu 1 Woche im Kühlschrank aufbewahren. Die kalt gestellte Butter vor dem Servieren wieder Raumtemperatur annehmen lassen.

Pikante Currysauce mit Kokosmilch

ERGIBT: etwa 750 ml

SCHÄRFEGRAD: 5/10

1 EL Rapsöl
1 mittelgroße Zwiebel, fein gewürfelt
2 EL sehr fein gehackter Ingwer
2 Knoblauchzehen, sehr fein gehackt
1 kleine Chilischote (z. B. Thai-Chili), mit den Kernen sehr fein gehackt
1 EL Currypulver
400 ml ungesüßte Kokosmilch, durchgerührt
1 ¼ TL fein abgeriebene Bio-Limettenschale
3 EL frisch gepresster Limettensaft
1 EL Sojasauce
1 EL Tomatenmark
½ TL grobes Meersalz

1. In einem mittelgroßen Topf das Öl auf mittlerer Stufe erhitzen. Darin Zwiebel, Ingwer, Knoblauch und Chilischote etwa 5 Min. unter gelegentlichem Rühren andünsten, bis die Zwiebelwürfel goldgelb sind. Das Currypulver etwa 30 Sek. unterrühren, bis es fein duftet. Mit der Kokosmilch aufgießen, dann Limettenschale und Limettensaft sowie Sojasauce und Tomatenmark dazugeben und die Mischung unter Rühren aufkochen lassen (achten Sie darauf, dass sich das Tomatenmark vollständig auflöst). Die Hitze anschließend auf mittlere bis kleine Stufe stellen und die Sauce etwa 5 Min. leicht einkochen lassen, dabei ab und zu umrühren. Die Sauce salzen und warm servieren.

2. Oder die Sauce abkühlen lassen und abgedeckt bis zu 2 Tage kalt stellen. Wenn sie danach zu dick ist, nach Bedarf esslöffelweise mit Wasser verdünnen.

Rote Steaksauce

ERGIBT: etwa 150 ml

SCHÄRFEGRAD: 4/10

125 ml trockener Rotwein
125 ml Ketchup
4 EL Melasse
2 EL Rotweinessig
1 EL Dijon-Senf
1 EL Worcestersauce
½ TL reines Chilipulver
½ TL Selleriesamen
½ TL grobes Meersalz
¼ TL Currypulver
¼ TL gemahlener Kreuzkümmel

In einem mittelgroßen Topf die Saucenzutaten mit 125 ml Wasser gründlich verrühren. Die Mischung auf mittlerer Stufe zum Köcheln bringen und im offenen Topf in etwa 30 Min. auf rund 150 ml Sauce einkochen lassen, dabei ab und zu umrühren. Den Topf vom Herd nehmen und die Sauce vor dem Servieren auf Raumtemperatur abkühlen lassen.

Sicherheitshinweise

Lesen Sie unbedingt die Bedienungsanleitung Ihres Grills und machen Sie sich mit allen Techniken sowie Sicherheitshinweisen vertraut. Auch die Wartung Ihres Grills ist wichtig (beachten Sie dazu ebenfalls die Hinweise des Herstellers).

ALLGEMEINE HINWEISE

1. Grills geben große Hitze ab. Der Grill muss daher mindestens 1,5 Meter von brennbaren Materialien, Wänden und Geländern entfernt stehen. Verwenden Sie einen Grill niemals in Innenräumen, unter einem Sonnendach oder einer Pergola.

2. Stellen Sie den Grill immer ebenerdig auf.

3. Verwenden Sie ausgewiesenes Grillwerkzeug mit langen, hitzebeständigen Griffen.

4. Tragen Sie beim Grillen keine losen oder leicht entflammbaren Kleidungsstücke.

5. Lassen Sie Kinder oder Haustiere in der Nähe eines heißen Grills niemals unbeaufsichtigt.

6. Tragen Sie beim Grillen und zum Regulieren der Lüftungsschieber Grillhandschuhe.

GASGRILL

1. Halten Sie den Grillboden und die Auffangschale Ihres Gasgrills sauber und fettfrei. Damit vermeiden Sie nicht nur gefährliche Flammenbildung, sondern halten auch ungebetene Gäste fern.

2. Sollten Flammen hochschlagen, schließen Sie unverzüglich den Deckel und legen Sie, wenn nötig, vorher das Grillgut über indirekte Hitze, bis die Flammenbildung abgeklungen ist. Bei einem Gasgrill Flammen niemals mit Wasser löschen

3. Kleiden Sie den abgeschrägten Grillboden auf keinen Fall mit Alufolie aus. Sie verhindert, dass herabtropfendes Fett in die Auffangschale laufen kann. Das Fett sammelt sich zudem in den Falten der Folie und wird sich bei der nächstbesten Gelegenheit entzünden.

4. Gasflaschen dürfen keinesfalls in Innenräumen aufbewahrt werden (auch nicht in der Garage).

5. Ein neuer Gasgrill kann bei den ersten Malen heißer werden als üblich. Sobald er innen ein wenig angelaufen ist und Deckel und Grillwanne nicht mehr so stark reflektieren, normalisiert sich die Hitzeentwicklung.

HOLZKOHLEGRILL

1. Holzkohlegrills dürfen nur im Freien verwendet werden. Bei Gebrauch in geschlossenen Räumen sammeln sich gesundheits- und lebensgefährdende Gase an.

2. Geben Sie niemals flüssige Anzünder oder bereits mit Anzünder imprägnierte Holzkohle auf die warme oder heiße Glut.

3. Niemals Benzin, Alkohol oder andere feuergefährliche Flüssigkeiten zum Anzünden von

Holzkohle verwenden. Wenn Sie flüssigen Anzünder benutzen, muss sämtliche Flüssigkeit, die sich gegebenenfalls im Kessel angesammelt hat, durch den unteren Lüftungsschieber abgelassen werden, bevor Sie die Holzkohle anzünden.

4. Verwenden Sie Ihren Grill nur mit allen vollständig montierten Teilen, die zudem unversehrt sein müssen. Vergewissern Sie sich auch, dass der Aschefänger korrekt unter dem Kessel befestigt ist.

5. Nehmen Sie den Deckel ab, wenn Sie die Holzkohle anzünden und vorglühen.

6. Breiten Sie die Holzkohle immer auf dem Kohlerost aus, nicht direkt auf dem Boden des Kessels.

7. Stellen Sie den Anzündkamin nicht auf oder neben feuergefährliche Flächen.

8. Berühren Sie nie den Kessel, Grill- oder Holzkohlerost, um zu prüfen, ob sie heiß sind.

9. Hängen sie den Grilldeckel immer vorschriftsmäßig an der Deckelhalterung auf. Legen Sie einen heißen Deckel nie auf einen Teppich oder ins Gras. Der Grilldeckel darf nicht an die Griffe des Kessels gehängt werden.

10. Um die Glut zu löschen, setzen Sie den Deckel auf und schließen Sie alle oberen und unteren Lüftungsschieber vollständig. Löschen Sie die Glut niemals mit Wasser, da dies die Emailbeschichtung des Kessels beschädigen könnte.

11. Bekämpfen Sie auflodernde Flammen, indem Sie den Deckel aufsetzen und die oberen Lüftungsschieber zur Hälfte schließen. Auch hier gilt: Niemals mit Wasser löschen!

2. Bedienen und lagern Sie heiße Elektrostarter sehr sorgfältig. Stellen Sie den Starter nie auf oder neben feuergefährliche Flächen.

13. Halten Sie elektrische Kabel von einem heißen Grill fern.

LEBENSMITTELSICHERHEIT

1. Verwenden Sie nur scharfe Messer. Bei der Arbeit mit einem stumpfen Messer besteht die Gefahr, zu stark zu drücken und dabei abzurutschen und sich zu verletzen. Schärfen Sie Messer, die viel in Gebrauch sind, einmal in der Woche mit einem Wetzstahl.

2. Gemüse immer sorgfältig waschen, denn im anhaftenden Schmutz außen und innen können sich Bakterien tummeln. Füllen Sie Ihre Spüle oder eine große Schüssel mit Wasser und schwenken Sie das Gemüse kräftig darin, damit Erde und Schmutz herausgespült werden und sich auf dem Boden absetzen können. Anschließend das Gemüse nochmals unter fließendem kaltem Wasser abbrausen.

3. Gewaschenes Gemüse, das nicht gleich weiterverarbeitet wird, sollte besonders gründlich getrocknet werden, da anhaftende Feuchtigkeit am Gemüse neue Bakterien entstehen lassen kann.

4. Lebensmittel im Kühlschrank grundsätzlich nicht neben rohem Fleisch, Fisch oder Meeresfrüchten lagern und vor herabtropfendem Fleischsaft, Auftauflüssigkeit o. Ä. schützen.

5. Ein angefeuchtetes Küchentuch oder feuchtes Küchenpapier unter Ihrem Schneidebrett verhindert, dass das Brett wegrutscht.

Rezepte-Register

Rezepte-Register

N/O

P

R

S

T

V/W

Y/Z

Impressum

Weber-Stephen Products LLC
Mike Kempster Sr., Executive Vice President

Titel der amerikanischen Originalausgabe:
Weber´s on the Grill: Hot & Spicy ™

Projektleitung: Stefanie Poziombka
Autor: Jamie Purviance
Übersetzung: Martin Waller, Werkstatt München
Lektorat und Redaktion: Karen Dengler, Werkstatt München
Satz: Anja Dengler, Werkstatt München
Gesamtproduktion der deutschen Ausgabe: Werkstatt München · Buchproduktion
Umschlaggestaltung: independent Medien-Design, Horst Moser, München
(Umschlag und Innenlayout d. Originalausgabe: rabble + rouser, inc.)
Herstellung: Markus Plötz
Reproduktion: Longo AG, Bozen
Druck und Bindung: Printer, Trento

Bildnachweis: Alle Fotos Tim Turner (Foodstyling Lynn Gagné).

Dieses Buch gibt die Meinung des Autors wieder.
Es soll Informationen zum Thema des Buches liefern, stellt aber keinerlei professionelle Dienstleistung seitens des Autors und des Verlags dar. Der Autor und der Verlag übernehmen keinerlei Verantwortung und Haftung für etwaige Schäden oder Risiken, persönliche und andersartige, die als direkte oder indirekte Folge des Gebrauchs und der Anwendung irgendeines der Inhalte dieses Buches auftreten.

ISBN 978-3-8338-3784-5

4. Auflage 2014

GRÄFE UND UNZER

Ein Unternehmen der
GANSKE VERLAGSGRUPPE

QUALITÄTS G|U GARANTIE

DIE GU-QUALITÄTS-GARANTIE

Liebe Leserin, lieber Leser,
wir möchten Ihnen mit den Informationen und Anregungen in diesem Buch das Leben erleichtern und Sie inspirieren, Neues auszuprobieren. Alle Informationen werden von unseren Autoren gewissenhaft erstellt und von unseren Redakteuren sorgfältig ausgewählt und mehrfach geprüft. Deshalb bieten wir Ihnen eine 100 %ige Qualitätsgarantie. Sollten wir mit diesem Buch Ihre Erwartungen nicht erfüllen, lassen Sie es uns bitte wissen. Sie erhalten von uns kostenlos einen Ratgeber zum gleichen oder ähnlichen Thema. Wir freuen uns auf Ihre Rückmeldung, auf Lob, Kritik und Anregungen, damit wir für Sie immer besser werden können.

GRÄFE UND UNZER Verlag
Leserservice
Postfach 86 03 13
81630 München
E-Mail:
leserservice@graefe-und-unzer.de

Telefon: 00800 – 72 37 33 33*
Telefax: 00800 – 50 12 05 44*
Mo–Do: 8.00–18.00 Uhr
Fr: 8.00–16.00 Uhr
(gebührenfrei in D, A, CH)*

Ihr GRÄFE UND UNZER Verlag
Der erste Ratgeberverlag – seit 1722.